陈亮教育思想探微

杨铁金　著

漓江出版社
桂林

图书在版编目（CIP）数据

陈亮教育思想探微 / 杨铁金著. — 桂林：漓江出版社，2024.6
ISBN 978-7-5407-9803-1

Ⅰ. ①陈… Ⅱ. ①杨… Ⅲ. ①陈亮（1143-1194）—教育思想—研究 Ⅳ. ① G40-092.442

中国国家版本馆 CIP 数据核字（2024）第 089419 号

陈亮教育思想探微（ChenLiang Jiaoyu Sixiang Tanwei）

作　　者：杨铁金

出 版 人：刘迪才
责任编辑：王　坤
装帧设计：长　岛
责任监印：张　璐

出版发行：漓江出版社有限公司
社　　址：广西桂林市南环路 22 号
邮　　编：541002
发行电话：010-85891290　0773-2582200
邮购热线：0773-2582200
网　　址：www.lijiangbooks.com
微信公众号：lijiangpress

印　　制：苏州市越洋印刷有限公司
（江苏省苏州市越溪街道南官渡路 20 号　　邮政编码：215104）
开　　本：880mm×1230mm　1/32
印　　张：7.5
字　　数：174 千字
版　　次：2024 年 6 月第 1 版
印　　次：2024 年 6 月第 1 次印刷
书　　号：ISBN 978-7-5407-9803-1
定　　价：48.00 元

序：一颗闪耀婺州的教育之星

赵瑶丹

十七年前，教师杨铁金考取浙江师范大学人文学院的教育硕士，当时他已是永康有一定影响力的作家。他说他是带着对地方文化的浓厚兴趣来学的，选择研究文化的葛永海教授做导师，并在他的指导下完成了硕士论文。当时，我承担人文学院研究生办的日常工作，杨铁金是班长，平时接触多为班内杂务。没想到今日，我们有了共同的研究话题，那就是永康学派的代表人物——陈亮。

作为倡导“经世致用”的永康学派，其经邦治国、济世安民的学问，具体指对社会政治、经济、军事、文化教育等有指导意义并产生实际效用的“经世之学”或“经济之学”。自古以来，中国思想界“王霸义利之辨”的命题广受关注，而“经世致用”之学，与“罕言利”“何必曰利”的儒家“王道”思想大相径庭。永康学派的代表人物陈亮，是南宋浙东事功学派“经世致用”思想最重要、最杰出的“发言人”之一，其倡言“功利”，强调“实用”，注重实事实功，践行经商致富、传道授业，在身体力行中实现思想升华，代表了当时经世致用思想、躬行实干精神的最高水平。

作为一位基层教师，杨铁金最关注的是作为教育家陈亮思想的传承与研究。陈亮认为古代莫不“以学校为国之先务”，强调教育应为现实社会服务，把培养学以致用、能匡时济世的“非常之人”作为教育的根本宗旨和目标。陈亮反对理学“醇儒”式的教育，批判以应付科举考试为目的的教育，认为教育的目的和任务，是“要以适用为主”，所谓“才非求奇，贵其可用”“人才以用而见其能否”。陈亮这种“才以资世”的人才观，旨在培养对社会有用的人才，为国家服务。

教学内容上，陈亮提出要实事求学。他批判“道德性命之说一兴”致“文章、政事几于尽废”，而“天下之实”尽废，“有志之士”饱受其苦，最终“百事不理”。他向朝廷建言，“尽收天下之人材，长短小大，各见诸用，德行、言语、政事、文学，无一之或废”，以培养真正有实才实学的人才。

中年的陈亮，科场失意，在家授徒教学长达十余年。陈亮将平生思想，通过传道授业的方式进行传承，这是他积淀并升华思想的重要经历。陈亮门生遍布金华、永康、义乌等地，较为出名的有喻民献、喻偘、喻南强、何大猷、钱廓、凌坚和吴深等。在学术上，陈亮的弟子们不遗余力地维护师门，成为陈亮思想的重要追随者和传播者。乾道、淳熙年间，陈亮倡谈王霸、功利，“人多疑其说而未信”，然而陈亮的学生喻偘“独出为诸生倡”，大胆批判“性命之学”，以言行极力维护陈师的功利学说。陈亮的妻弟、门人何大猷在他的影响下，富而存仁，堪称儒商典范。义乌巨富喻夏卿一子三孙都师从陈亮。陈亮思想在义乌得以广泛传播，与义乌多儒商密切相关。义乌的儒商，不仅为陈亮经世致用、义利并行的思想提供了丰富的素材，而且在传播陈亮思想中给予了切实支持。

陈亮的教育思想具有现代意义，他所倡行的学说，与婺州的经济、文化、学术环境氛围相辅相成、相得益彰。陈亮思想源于婺学的滋养，进而又支撑着八婺的文化骨架，使得整个浙中盆地以农商为根基，以工匠精神为实践，以文化优势代代相传，至今闪耀着动人的精神之光。

作为教育家的陈亮，其思想有两层重要底色。

一是爱国主义。陈亮反对南宋朝廷偏安一隅，不图谋恢复统一的苟且，认为置中国于度外“如元气偏注一肢，其他肢体往往萎枯而不自觉矣，则其所谓一肢者，又何恃而能久存哉？”在几十年的教育生涯中，他无不以抗击外族、恢复中原为己任，教育学生时刻不忘爱国忧国。

二是学以致用。陈亮从巩固政权、振兴国家、发展经济出发，重视对现实问题的考察和研究。陈亮要求学者在现实政治活动中学知识，长才干，积累实际经验，具备应变能力。他重视实用之学，提倡艺能艺事，这是事功学派区别于朱熹、陆九渊他们的重要标志之一。陈亮最反对朱熹那种“一艺一能皆以为不足自通于圣人之道”的说法，极力主张学艺能以理百事。他指出“自道德性命之说一兴”，为士者“耻言文章义行”，居官者“耻言政事书判”，而大谈“尽心知性”“学道爱人”，如此“相蒙相欺”“尽废天下之实”，其结果只能是“百事不理”，一事无成。他倡导学者文武兼资，艺能精熟，既“有处事之才”，又“有料敌之智”，并于民生日用之间，一艺一能之上，亦无所不通。陈亮反对朱、陆所提倡的静坐默想、闭门读书、涵养心性、空言道德，以达到“存天理灭人欲”的内求方法。陈亮坚持向外求索的道路，倡导教育学者树立学以致用观念，教诲学者们在实事实学上用功夫，即一切就实事上理会。对当前现实和历史上的治乱兴衰，以及典章制度都加以详细考订，务求能通古今之变，以施于实政，反复强调教育者不仅要培养学习者观察和分析社会、总结历史的能力，更要培养他们解决现实社会各种问题的能力。比如陈亮重视农田水利，讨论水利、粮食的重要性。陈亮重视研究财富的分配问题，关注社会“共富”，与学者讨论解决贫富不均的办法，对先富问题提出看法。陈亮认为在学习上的“格物致知”，是要在事物中考察必然之理、当然之事，“道之在天下，何物非道，千涂万辙，因事作则”。他认为离开实际事物，便无法得到实学，获得真知。“学以致用”，不仅是学习知识、掌握艺能的目的和基本途径，更是验证知识、巩固艺能的方法和基本原则。

杨铁金注重原著阅读，并能结合当前的教育问题，提出一些思路与想法。比如他从陈亮的文章中寻找启示，讨论“五育并举”“双减”等热点问题。作为浙江省人民政府督学，他在岗位上不遗余力地推进陈亮思想在当代教育改革中的运用，在推进学校文化建设、课程建设等方面做了许多工作。在永康中学、桥下小学等一些学校都留下了他努力的痕迹，他在《浙江教育报》《金华日报》《永康日报》上刊发相关的研究文章，不遗余力地实践与推进陈亮教育思想。希望他能够在陈亮教育思想与基础教育结合方面有更多心得，助力事功学派教育思想绽放异彩。

2023年6月18日

（作者系浙江师范大学人文学院教授）

目录

contents

南宋是教育的美好时代

南宋政权建立后，随着中国政治、经济、文化中心的南移，社会得到稳定与发展，政治也较为开明与宽松，形成了相对宽容的社会氛围。在文教方面，儒学的正统地位得到进一步确立，儒、释、道并存融合，理学新体系得以完善。重视知识分子的政策继续得到加强，中央及州县官学得到重建与恢复，民间办学勃然兴盛，理学与事功学大师的学术活动空前活跃。延续崇文抑武的政策促进举国兴起读书热潮，印刷技术的进步使书籍得到大规模的编辑整理与发行传播。南宋成为了中国历史上少有的教育黄金时代。

国家重视知识精英的选拔与任用。宋代开国之初，宋太祖就定下“作相须读书人”的基调，“以文化成天下”“不得杀士大夫及上书言事人”。南宋统治者继续崇尚文治，对文人士大夫采取宽松宽容政策。贵族与门第传统逐渐淡化，一些白衣秀才平地拔起，升入政治上层，形成皇帝与士大夫共治天下的局面。

两宋重视知识精英突出体现在科举取士上，官绅农工商弟子都可以参加科举考试，而且取士名额不断增加，取士人数空前绝后。

“寒门入仕”政策，广泛吸引不同阶层的知识分子参加政权。在政府机构主体社会构成方面，宋朝将政府机构人员组成的基础扩大到社会最底层。宋太祖下诏曰：“向者登科名级，多为势家所取，致塞孤寒之路，甚无谓也。今朕躬亲临试，以可否进退，尽革畴昔之弊矣。”自宋以降，读书做官、科举和入太学，不因门第，不论孤寒，渐成定制。甚至向来被仕途排除在外的工商杂类子弟在宋代也允许入仕。南宋时期，政府机构主体的社会构成进一步面向平民阶层，政权的开放程度也随之连带增强。两宋时期为了调整官僚队伍结构，选取大批饱学之士补充各级官吏队伍，从而完成了中国古代贵族政治向文官统治的转变。

支持多层次办学，办学形式多样化。除了中央官学、州学、县学，南宋的民间教育机构形式多样，自成体系，村学、乡学、冬学、私塾、家馆、义学、精舍、书院等民间学校遍布乡村城市。民间学校教育汲取官学教育成果，又独立发展，促进中国古代教育在宋代逐步走上教化与学校教育整合的一体化之路。

民间教育机构师资层次丰富多样，甚至大大高出官学师资水平。宋代儒者的出路一般有四种：一是入仕做官；二是开办学馆，教授生徒；三是进入衙门为职业吏人；四是做童蒙之师。前两种一般要有科举功名，后两种则为科举落第者。宋代众多著名学者、教育家，像杨时、张栻、朱熹、吕氏兄弟、陆氏兄弟、陈亮、陈傅良、叶适、陈淳、真德秀、王应麟等纷纷开办学馆，从事教育传播，成为时代教育的标志性人物。民间学术风气空前浓厚，儒学各派思想互争雄长，学者们开设讲坛聚众演讲，相互辩论，极大地促进了文化教育普及。

在科举考试推动下，南宋中央官学、地方官学、书院和私塾村校并存，各类教育都获得蓬勃发展。如南宋嘉泰二年（1202），仅参加中央太学补试士人就达三万七千余人，约为北宋熙宁初年的二百五十倍之多。两宋共有书院三百九十七所，其中南宋占三百一十所，是北宋的三倍还多。

民间学校教育内容丰富多样，体系完备。科举制度对中国学校教育的影响广泛而深刻。南宋官学的课程设置、教学内容都为科举考试所制约。科举考什么，太学招生考试也照着做。平时教学也是考什么、就教什么、学什么。官学教育的好坏，评价的直接标准就是及第率。民间学校教育既有服务于科举考试的儒文化核心理念，又有为社会现实生产和生活所需的内容，包括识字及书、画、医、算、工、商、武、讼等多个学科门类的丰富内容。相比较而言，官学是科举制度的附庸和奴婢，民间教育反而更有特色与活力。

南宋教育的内容，在政治文化、社会伦理方面，大学阶段以“五经”和“九经”等国子监课程为基础。朱熹等人博采众长、海纳百川，集注编订“四书”“五经”，创立以理学思想为核心的旨在发扬儒家传统文化的伦理新体系。小学阶段以新编订的《三字经》《百家姓》《续千字文》等普及读物与之相配合。蒙学教材不仅有《千家诗》《唐诗三百首》《古文观止》《唐宋八大家文钞》《神童诗》《笠翁对韵》等诗文教材，而且还有王应麟《小学绀珠》、王日休《训蒙法》，以及适合一般农人、手工业者和商人需要的《四言杂字》等民间重要的识字教材读物。吕祖谦编著的《历代制度详说》、陈傅良编订的《永嘉八面锋》则是当时流行的优秀科考教材。

学派林立，教育思想多元化。社会的深刻变革必然引起教育随之而变，面对动荡时局、内忧外患，人们必然会对循旧与创新、道德和法治、主战和主和等一系列问题进行思考与研究。南宋官学僵化没落，徒有形式，缺乏生机，民间各种学派必然承载着时代的使命，去探究这些关系国家之命运、民族之前途的问题。陈亮在《送王仲德序》中对此情况进行了详细的描述："昔祖宗盛时，天下之士各以其所能自效，而不暇及乎其他。自后世观之，而往往以为朴陋，而不知此盛之极也。其后文华日滋，道德日茂，议论日高，政事日新，而天下之士已不安于平素矣。众贤角立，互相是非，家家各称孔孟，人人自为稷契，立党相攻以求其说之胜，最后章蔡诸人以王氏之说一之。而天下靡然，一望如黄茅白苇之连错矣。至渡江以来，天下之士始各出其所能，虽更秦氏之尚同，能同其谀而不能同其说也。二十年之间，道德性命之说一兴，迭相唱和，不知其所从来。后生小子读书未成句读，执笔未免手颤者，已能拾其遗说，高自誉道，非议前辈，以为不足学矣。世之为高者，得其机而乘之，以圣人之道为尽在我，以天下之事无所不能，能麾其后生以自为高而本无有者，使惟己之向，而后欲尽天下之说一取而教之，颀然以人师自命。虽圣天子建极于上，天下之士犹知所守，吾深惑夫治世之安有此事乎，而终惧其流之未易禁也。"

南宋各学派都把民间学校作为宣扬和传播不同学术思想主张的重要舞台。正如理学家袁燮所说："今长沙之岳麓、衡阳之石鼓、武夷之精舍、星渚之白鹿，群居丽泽，服膺古训，皆足以佐学校之不及……儒者相与讲习，有志于斯，以养其心，立其身，而宏大其器业。"各家学术流派还注重学术思想的相互传播、影响和争鸣，如乾道三年（1167）张栻和朱熹会讲于岳麓书院，淳熙二年（1175）朱熹、陆九渊、吕祖谦等会讲于鹅湖书院，对推动学术交流与活跃民间书院的教学传播活动有极大的促进作用。许多时代大思想家广开师门，以讲台为传播场地，通过讲论和编著传播自己的思想和主张。“朱学以格物致知，陆学以明心，吕学则兼取其长”，永康陈亮求实理实学，“其说皆今人所未讲”，“永嘉之学，教人就事上理会，步步著实，言之必使可行，足以开物成务”。

读书、聚书和刻印书籍的风气浓厚。两宋相当多的皇帝不仅自己酷爱读书，还不遗余力地倡导读书，宣扬读书。社会上的一般士子，更是醉心于走读书、科举、做官的道路。社会普遍认可“人生至乐无如读书，至要无如教子”的理念。农工商各教子读书，已成为宋代社会一道独特的风景。

朝廷大力倡导读书的同时，又积极采取措施聚书，加强图书收集、管理、编目。印书对教育传播具有积极推动作用，伴随着传播科技进入雕版印刷时代，印书成为教育传播的强大工具和重要载体。除了官刻，还有大量的私刻书发行。监本、学宫本、学舍本、州学本、郡府学本、县学本、书院本、家刻本等各种版本应有尽有，民间坊肆刻书更是遍地开花。在金华就有婺州市门巷唐宅、义乌酥溪蒋宅崇知斋、东阳胡仓王宅净戒堂等印书坊。

南宋文教传播媒介由先进的印本书完全取代落后的写本书，从而推动文化和教育建设达到一个崭新的高度，促进了教育的普及发展。从接受教育的对象看，南宋教育传播已覆盖士、农、工、商社会各阶层子弟，从城市覆盖到贫困地区、边远山区、民族地区。

爱国是南宋读书人的底色

国家认同，是指一个人对所属国家历史文化传统、道德价值观念、国家主权以及政治选择的认可和赞同。这既是个时髦概念，也是个老话题。

先秦儒家将读书人的社会责任定义为“齐家、治国、平天下”，那时候的家与国跟现在的概念不尽相同。明代顾炎武提出“国家兴亡，肉食者谋之。天下兴亡，匹夫有责”。在封建王朝时代，所谓的“亡国”就是江山易姓，所谓的“亡天下”就是人性沦丧。从这个意义上讲，匹夫的责任就是活得像个人样，有人的伦理、人的尊严。至于有理想、有能力、有担当的读书人则该具有“穷则独善其身，达则兼善天下”的胸襟与抱负。

陈亮生活的南宋，给人的印象简直就是糟透了。军事上妥协投降、苟且偷安，政治上腐败成风、奸党专权，经济上积贫积弱、民不聊生。小学课本里有一首林升所写的《题临安邸》：“山外青山楼外楼，西湖歌舞几时休？暖风熏得游人醉，直把杭州作汴州。”活脱脱写出了生活在行都杭州的达官贵族们只顾眼前享乐，不思收复中原的丑态。著名诗人陆游有《示儿》一诗："死去元知万事空，但悲不见九州同。王师北定中原日，家祭无忘告乃翁。"淋漓尽致地写出诗人为山河分裂而死不瞑目的绵绵长恨。

南宋朝廷自建炎元年（1127）赵构重建，至祥兴二年（1279）帝昺蹈海灭亡，风雨飘摇却又偏安而存152年。究其原因，既有地理因素，江南山水的那份青绿奇崛，挡住了金人、蒙古人南侵的铁蹄；也有经济因素，钱塘自古繁华，安顿了南渡统治者的颠沛流离；更有人文因素，江南士子的侠骨柔情在历史长卷中令人肃然起敬。江南独特的韵味与风骨，让南宋变得空灵而又凝重。

江南的快速崛起得益于晋人南渡，加上隋唐以来，大运河开凿，贯通了南北交通。造船业兴盛，海洋经济发展，海内外文化、经济交流日益增长，江南渐成富庶之地。北宋灭亡之时，大量北方人口向存在于淮河、秦岭以南的南宋政权迁移，给南方带来充足的劳动力、先进的技术以及丰富的生产经验，进一步推动了南宋农业、手工业、商业和海外贸易的发展。南宋国土面积虽没有北宋大，但它的社会经济、文化、教育、科技等依然在不断创新发展。南宋对中国境内同时代的少数民族政权有着无比的吸引力，并积极影响着周边国家，以至影响着后世的中华文化。近代著名思想家严复认为："中国所以成于今日现象者，为善为恶，姑且不具论，而为宋人所造就，十八九可断言者。"近代史学大师陈寅恪先生也曾说："华夏民族之文化，历数千载之演进，造极于赵宋之世。"

国家虽破碎，诗篇仍动容。爱国成为士人阶层的主流意识，才能引领各界同仇敌忾、众志成城。

国家观念、民族观念得到深刻认同，士人们不仅表达南宋国人坚决抵抗女真贵族侵扰，收复中原失地，使国家重新获得统一的心声和期待，而且明确提出和使用“中国”的概念。陈亮在《上孝宗皇帝第一书》开篇就写道：“中国，天地之正气也，天命之所钟，人心之所会也，衣冠礼乐之所萃也，百代帝王之所以相承也，岂天地之外夷狄邪气之所可奸哉！”陈亮反对南宋朝廷偏安一隅，不图谋恢复统一的苟且，认为置中国于度外“如元气偏注一肢，其他肢体往往萎枯而不自觉矣，则其所谓一肢者，又何恃而能久存哉”。朱熹也提出“君父之仇不与共戴天”，主张“非战无以复仇，非守无以制胜”。张栻“慨然以奋伐仇虏，克服神州为己任”，力主抗金。陈亮、叶适甚至亲自参加抗金防务，跑到沿江做了大量的调查研究，几次上书讲论布兵打仗的谋略。

政治氛围相对宽松，学术空间自由生长，读书人极力舒展求知欲、爱国心、报国志。读书人有了更多为国效力的机会，自然也就有了更为深沉的民族认可与国家认同。程朱理学与浙东事功学派主张鲜明对立。朱熹讲正心诚意，讲“存天理，灭人欲”；陈亮、叶适讲实事实学，经世致用。在做人、做事等问题上，一派讲动机，重理论探讨；一派讲效果，重匡时救弊。他们在爱国方面却始终毫不含糊地达成一致，矢志不渝为国家统一与进步殚精竭虑。

当时士人都以民心为评价时政的基本标准。当朝政与民心背离时，士人们站在人民的立场，与昏庸腐败的当权者进行无畏抗争。陈亮在《上孝宗皇帝第二书》称“陛下立志复仇，不肯即安于一隅，是有大功于社稷”，“笃意恤民，每遇水旱，忧见颜色，是有大德于天下”，“张浚始终任事，竟无一功可论，而天下之童儿妇女不谋同辞，皆以为社稷之臣。彼其誓不与虏俱生，百败而不折者，诚有以合于天人之心也。秦桧专权二十余年，东南赖以无事，而天下之童儿妇女不谋同辞，皆以为国之贼。彼其忘君父之仇而置中国于度外者，其违天人之心亦甚矣”。陈亮旗帜鲜明地表达自己与“天下之童儿妇女不谋同辞”的情感态度。

士人们具有高度的民族意识与民族气节。自秦汉以来居住在中国辽阔土地上的兄弟民族，形成以华夏族为首的中华民族。由于长期文化浸润、教育灌输形成稳定的民族自豪感、民族意识和民族气节，中华民族特别是其中的优秀人物，尤其不能容忍被生产力水平低下、文化发育尚未成熟的族群征服和统治，必然要起来作猛烈抗争。

士人们善于总结历史经验和教训，致力于寻找富国强兵之法。他们认真研究中国历史上统一强盛、繁荣发达王朝的历史经验和分裂孱弱、割据偏安王朝的教训，充分认识到坚持正义、反对侵略的合理性和必要性，从历史经验中寻找富国强兵安民之法。陈亮在读书著述时注重研究汉唐与当下，提出许多精辟见解。

许多知识分子与学生，敢于声张爱国决心与意志。他们通过上书、献策等方法让自己的观点上达朝廷。太学生们在南宋举行的抗议活动次数之多，为历朝历代所罕见。比如在建炎元年（1127）八月，太学生陈东、进士欧阳澈先后上书，请留李纲，罢黜黄潜善、汪伯彦，还都东京，亲征迎还二帝。高宗为了保住帝位，冒天下之大不韪，悍然杀害这两人。同为高宗朝，权礼部侍郎兼国子祭酒的周葵遭侍御史汤鹏举的弹劾而罢官。太学生黄作、詹渊率诸生投牒留葵，结果两人都被送到五百里外编管。

整个南宋始终贯穿着主战派与主和派之间的斗争。以皇帝为首的当权派，往往以一己私利瞻前顾后，置爱国志士与庶民呼声于不顾，消极抗战，苟且偷安。陈亮不顾安危，多次冒犯当权者，反复向皇帝上书，陈述恢复中原的观点。

士人们始终坚守文化道统，高举爱国旗帜。南宋长期处在外族入侵的严重威胁之下，军民们进行了一百多年艰苦卓绝的抵抗斗争，涌现了无数气壮山河、可歌可泣的爱国事迹与英雄。特别是在持久的抗金斗争中，南宋军事力量不仅没有削弱，反而更加强大。南宋后期所面对的蒙古军队则更为强大，竟然以短短20年时间横扫欧亚大陆，令全世界谈“蒙”色变，南宋却以相对弱小的力量抵抗45年之久。在抗金、抗元斗争中涌现出岳飞《满江红》、文天祥《过零丁洋》等动人篇章，至今依然激发人们爱国主义的真挚情感。

2022年版《义务教育课程方案》中提到要“以人民为中心，扎根中国大地办教育”。爱国主义是千百年来人们对脚下这块土地最深厚最真挚的情感，也是贯穿学校教育的一条主线。

陈亮沉浮的一生

陈亮，字同甫（或同父），原名汝能，号龙川，南宋时婺州永康人。陈亮是南宋后期名震政坛的著名政治家、思想家，也是我国教育史上有影响力的唯物主义教育家。

从永康城北出发，东行五十里之所在，众山环抱，若蹲若伏，因为形状像龙，被称为“龙窟”。陈亮的祖上原住在龙窟山南五里，大概历经了八九代。其祖父将家迁到龙窟未到十年，陈亮降生。那一年为宋高宗绍兴十三年（1143）。

陈亮的曾祖陈知元，在宣和年间牺牲于开封保卫战。祖父陈益，年少时志气自豪，尝入过官学，屡败于科举，转考武举也未中；等到年纪大了，浮沉于乡村一隅，放纵在杯酒之间。父亲陈次尹，社会地位不高。陈亮出生时，他的母亲年仅十四岁，这种情况在“早生贵子”的年代倒也常见。年幼的陈亮，基本由祖父母抚养、教育，对父亲的记忆却是不多。饱经人生沧桑的祖父，把自己的人生理想完全倾注于幼孙身上，希望他有朝一日魁名高中，光耀门庭。他的这种愿望甚至达到如梦如痴的程度。陈亮说祖父曾梦见过一位叫作童汝能的状元，于是就将刚出生的婴儿取名为陈汝能。祖父的厚爱与希冀，给陈亮的心灵与行为打上深刻而鲜明的烙印。

除了陈益的教诲，少年时代的陈亮也曾就读于龙窟山中。年稍长，又受教于何子刚馆舍。何子刚道德高尚，为人正直，甘心自屈于乡，不慕权势，对陈亮另眼相看。陈亮诚服先生并深受启迪，小小年纪，文思敏捷，议论风发，“慨然有经略四方之志”。在十八九岁时，陈亮写成有名的《酌古论》二十篇。从汉唐以来十九位历史人物的重大军事活动中得出“可以观，可以法，可以戒，大则兴王，小则临敌”的经验教训，作为宋代“中兴”“复仇”事业的借鉴，抒发自己热忱的爱国之志。

陈亮的文章虽未能触动当时的最高当权者，却深得婺州太守周葵的赏识。周葵担任参知政事后，将陈亮这位“他日国士”带到家中好生教导。朝廷及地方官员到周葵家来说事，陈亮都被引见给他们。陈亮因而结交一时豪俊，尽其议论。

隆兴元年（1163），陈亮二十一岁，第一次参加科举考试，未能中第。这时，宋金再次议和，1164年达成和议，金宋以叔侄之国相称。南宋统治集团内部都为暂得苟且而高兴，唯独陈亮闷闷不乐，认为这是一种耻辱。二十七岁，陈亮上《中兴五论》，详论当时的抗金形势，直斥朝中行苟且投降之事的位高俸厚的当权者。

他坚持抗金，反对和议，提出一系列切实可行的经济、政治、军事等措施。南宋朝廷对陈亮的抗金主张充耳不闻。陈亮在家乡过了十年的陆沉生活，他一边劳作，一边授课，一边著述。他在家乡办了一个书院，招了一批来自本邑及义乌、浦江等邻邑的学子。这是陈亮事功之学的初创时期。陈亮在《上孝宗皇帝第一书》中说：“辛卯、壬辰之间，始退而穷天地造化之初，考古今沿革之变，以推极皇帝王伯之道，而得汉、魏、晋、唐长短之繇，天人之际，昭昭然可察而知也。”据童振福考证，《经书发题》就是陈亮讲学时所用的讲义，《三国纪年》《伊洛正源书序》《三先生论事录序》等，也是他此时的作品。他的学术研究成果主要就是为教学所编写的材料和讲义，这也是他作为教育家的重要佐证。

陈亮的讲学和著述是在极端艰苦的生活条件和政治环境中进行的。乾道元年（1165）母亲去世，乾道二年（1166）父亲被诬入狱，乾道三年（1167）祖母、祖父因忧思成疾相继离世。后来，父亲又在乾道九年（1173）去世。正如他在《与韩无咎尚书元吉》中所说：“会亮涉历家难，穷愁困顿，零丁孤苦，皆世人耳目之所未及尝者。不幸十余年之间，大父母、父母相继下世，是以百念灰冷，不复与士齿。今但与妻孥并力耕桑，以图温饱。”此时，他仅靠农耕与讲授解决温饱，生活很是窘迫与拮据。

乾道四年（1168），陈亮二十六岁，自贡于乡，录为太学生员。二十七岁，应礼部试而被黜，“未能高飞远举”，这对他是个很大的打击。于是他省悟到在是非利害荣辱之场奔竞，并非自己志向，遂不满太学，厌恶科举，“来秋决去此矣”。虽然如此，六七年之后即淳熙四年（1177），他又一次走进考场，因对学官何澹不满，遂愤而“弃学校而决归耕之计”。这一点，陈亮在《上孝宗皇帝第三书》中曾有披露：“臣本太学诸生，自忧制以来，退而读书者六七年矣。虽蚤夜以求皇帝王伯之略，而科举之文不合于程度不止也。去年一发其狂论于小试之间，满学之士口语纷然，至腾谤以动朝路，数月而未已。而为之学官者，迄今进退未有据也。臣自是始弃学校而决归耕之计矣。”

淳熙五年（1178），陈亮三十六岁，他看到当世之儒士“低头拱手以谈性命，不知何者谓之性命”，“扬眉伸气以论富强，不知何者谓之富强”的情况，“不胜愤悱”，于是又一次赴临安，三次上书孝宗皇帝，劝其不可苟安以玩岁月，应积极北上抗金，收复失地，雪国家之耻，伸臣子之愤；并一再表示，希望皇帝召见。孝宗看后“赫然震动”，准备擢用，却为左右大臣所阻。等待数日，皇帝没能召见，只表示欲授一官。于是他愤而笑曰：“吾欲为社稷开数百年之基，宁用以博一官乎！”遂渡江而归，继续从事教育事业。由于陈亮直言不讳，健论纵横，与当权者龃龉不合，所以常遭诽谤。此后统治者“竟用空言罗织成罪”，将陈亮下狱，使其身心受到很大摧残。

淳熙十一年（1184），朱熹利用陈亮下狱之机，写信劝陈亮痛加收敛，黜义利王霸并用之说，以醇儒之道自律。从此陈亮和朱熹围绕着王霸与义利、天理与人欲、三代与汉唐、醇儒与成人等问题，展开长达三年的论争，轰动当时的学术思想界。

淳熙十四年（1187），高宗死于临安。金使来吊，“仅以一使，如临小邦，闻诸道路，哀祭之辞，寂寥简慢”。陈亮极为气愤，特意到金陵、京口实地察看地形，再到临安上书，复陈“天下不可以坐取”，激励孝宗抗金复仇。因孝宗即将禅位，上书无回音，又渡江而归。绍熙元年（1190），陈亮四十八岁时，再次被诬下狱，两年后获释。

绍熙四年（1193），五十一岁的陈亮又参加科试，他的对策深得光宗青睐，御笔擢为第一，并授签书建康军判官厅公事。陈亮从青年时代起，就胸饶兵略，常怀复仇任事苦心，曾六达帝廷，极论社稷大计。虽一生坎坷，磨难潦倒，数十年穷居畎亩，但报国之志一直耿耿在心。晚年中龙头之选，再次激起他奋身的激情。他在及第后的《谢恩诗》中写道："复仇自是平生志，勿谓儒臣鬓发苍！"在《谢留承相启》中也表示："青年立志，白首奋身，敢不益励初心，期在重温旧业。"但遗憾的是，他未及上任，便离开人世，死时年仅五十二岁。

陈亮短暂的一生，始终有三条活动轴线错综地交织在一起，成了他人生的交响曲。第一条轴线，是他一生最重要的事业和活动，即以天下为己任，"中兴""复仇"，抗金爱国。这是他一生活动的主轴。第二条轴线，是当时一般读书人共同追求和热衷的事业，那就是参加科举考试，以实践自己的参与意识，陈亮当然也不例外。第三条轴线是当第一、第二条路走不通的时候，就授徒讲学和埋头著述。陈亮就是这样走完了忧患坎坷的人生。恰恰是第三条轴线，成就了他作为教育家的地位。

陈亮事功思想的重要源头

古代学者讲究师承关系。“程门立雪”的故事发生在北宋时的河南。曾担任过谏议大夫兼国子监祭酒的杨时，是熙宁九年（1076）的进士。“时河南程颢与弟颐讲孔孟绝学于熙、丰之际，河洛之士翕然师之”，元丰四年（1081），杨时调官不赴，以师礼见程颢于颍昌，相谈甚欢。元祐八年（1093），年已四十的杨时和游酢去洛阳拜师程颐，颐正闭目休息，杨时和游酢就毕恭毕敬地站在门外等候，等程颐醒后才谒见，此时门外积雪已盈尺，于是就有了这个天下人尽知的故事。杨时归入程门，在学术上算是有了源头与根基，后来成为一大家。

黄宗羲之子黄百家曾在《宋元学案》中，对陈亮思想的渊源问题作了简明论说。他指出：“永嘉之学，薛、郑俱出自程子。是时陈同甫亮又崛兴于永康，无所承接。然其为学，俱以读书经济为事，嗤黜空疏、随人牙后谈性命者，以为灰埃。亦遂为世所忌，以为此近于功利，俱目之为浙学。”同样都是讲论“事功”的，永嘉之学被认为出自“二程”，永康之学却落得“无所承”，这个鄙视的味道有点浓。

三十岁以后，陈亮在理学研究上是下过一番苦功的。他陆沉家乡下帷授业期间，编写《六经发题》《语孟发题》，与学生共读儒家经典。他还继承北宋道学思想，编辑周敦颐、张载和二程的哲学著作及言论为《伊洛正源书》，也采集过二程与张载关于礼乐法度的言论编为《论事录》。陈亮认为自己是继承了周公、孔孟的儒学传统，尽管他没有像孔孟一样鼓吹王道、反对霸道。基于对历史、现实及未来前景的焦虑，陈亮自觉接受王通并不排斥霸道的“王道观”。

王通（584—617），字仲淹，隋朝河东郡龙门县人。卒后门人私谥为文中子。王通出身儒学之家，有深厚的家学渊源。少有“四方之志”，尝四处游学。隋文帝仁寿三年（603）奏《太平十二策》，“尊王道，推霸略，稽今验古，恢恢乎运天下于指掌矣”。文帝大悦，下议于公卿，公卿皆不悦，卒未见用。王通只好抱憾回家，继续精研儒学经典。特别感慨后世王道之不行，于是发愤著书，写成《续六经》一部。等到觉得自己的研究日益成熟之后，他就广收门徒，大力讲学推广自己的学说。河、汾之间，成了那时传播礼乐的地方，王通就有了“王孔子”的美名。他的门人弟子，不少成为唐初的名臣巨卿。可惜的是，他的事迹在隋唐正史中均没有记载。文中子的学生们将老师的理想具体落实到治国安邦的大政方针上。唐朝的立国思想坚决主张以儒家文化作为治国基本原则，主张以儒家王道仁政治理天下，反对长孙无忌等人提出的“乱世须用重典，严刑以治国家”，这一切促进了“贞观之治”的繁荣。王通弟子众多，俊杰遍布天下。王通亲眼看见自己培养的一代年轻人，开创唐代的国运与文化，心里自然是乐开了花。那些记载国之大事的史册上，没有自己的名字又有什么关系呢？在现代人的眼里，作为初唐四杰之一，写作《滕王阁序》的王勃，也就是文中子的嫡孙，其知名度都比王通要高许多。现如今大家使用频率很高的一个名词——经济，就是文中子所创造的。

王通的《续六经》在唐代末年已经散佚不存了。王通的门人弟子根据课堂讲论按照《论语》的体例记录为《中说》。到陈亮的时代，社会上也流行好几种版本。陈亮“参取阮氏、龚氏本，正其本文，以类相从，次为十六篇”，在淳熙十二年（1185）编成《文中子》一书，定为“王氏正书”，让弟子们做研习之用。陈亮所编的《文中子》虽已散佚，但从陈亮的前言后序看，与现存的版本有诸多不同。陈本没有流传下来，自然有许多遗憾。我们只得借助《龙川文集》中的《类次文中子引》《书类次文中子后》《书文中子附录后》等三篇文章，窥探陈氏的态度。

在《类次文中子引》中，陈亮先述《中说》的成书与传播史。陈亮提到了《中说》的一些版本，讲到文中子对唐朝的开国政治影响很大，特别是培养了一批治国安邦的儒士、能臣。陈亮认为“其后攀龙附凤以翼成三百载基业者，大略尝往来河、汾矣”。认为连荀子、扬雄都无法与之相比，王通岂能被认为是个隐者？因为他的学说积极入世，影响深远。陈亮在编次《文中子》时，特别为文中子正源，认为“《春秋》天子之事，圣人盖有不得已焉者”，“孟子固知夫事变之极，仁义之骤用而效见之易必也，纪纲之略备而民心之易安也”，“文中子始正之，续经之作，孔氏之志也”。文中子所“正”者到底是什么？“故夫功用之浅深，三才之去就，变故之相生，理数之相乘，其事有不可不载，其变有不可不备者，往往汩于记注之书，天地之经，纷纷然不可以复正”者也。如果我们联系陈亮在与朱熹辩论中所主张与坚持的，不难理解陈亮为何特别推崇“功业”与“王道”。

《书类次文中子后》篇，陈亮通过比对明晰以前书籍上所存在的一些问题，“姑以明予类次之意如此”。从中可以看出陈亮编此书的认真态度。

《书文中子附录后》篇，评论《文中子世家》《房魏论礼乐事》《关子明之筮》等三篇附录。认为“魏徵、杜淹之于文中子，盖尝有师友之义矣。如房杜直往来耳”。并不以关子明之筮为怪，认为“《易》有理有数。数，出于理者也。得其理足以知百世之变，明其数足以计将来之事，而又何怪焉！”“如子明之论，人谋天命，有后世儒生之所不及知者”。

陈亮在《汉论·七制》中提出“考论人物，要当循其世变而观之”的看法，对王通只称颂七制之主有大功，并不对他们道德的问题进行解释。陈亮从历史变革中，考察汉取代秦的进步意义，认为高祖“代虐以宽，易暴以仁”，文帝以“仁柔而驯之”，武帝“以经术而治之”，宣帝“以纪纲而正之”，光武“烟赤帝之灰而复燃之”，明帝以“政平讼理”，章帝为“宽厚长者”，而使汉脉绵延四百年之久。他认为王通不称颂道德，只讲事功，用意精深奥妙。中国古代的正论都以为那些上古帝王深讲详究“治心修性之学”，他们的治理举措都是“醇白无疵”“于德无愧”。陈亮也暂且这么说，不过他在与朱熹的辩论中曾经提到三代帝王也是“道德模范”，他们的光辉形象是被孔子所塑造的。至于汉代那些帝王，他们都是道德上有缺陷的人，“功有余而德不足”。王通“取其所长，略其所短，喜其所长”，也就不再责求他们道德上的完美。王通生在李唐未兴之际，必然“念民生之憔悴”，迫切希望君主有救世之功。“爝火遇夜而有功，桔槔遇旱而有功，七制遇暴秦而有功”，王通歌颂他们的功德，哀悼时代已经非古，也就不去比较道德，贬低他们的德行不如古人。

陈亮对学术偶像王通，不仅给予很高的评价，也以重振王通之学为自己的志向。陈亮的重王道、辨三才、尊两汉、明通变、经即史说等基本观念，均可以在《中说》中找到理论原型。王通的一些具体观点在陈亮那里也有所体现，如陈亮的《廷对》以及《汉论》的某些篇章中蕴含了以正人心为急先务的思想。

陈亮继承王通思想，并对其深入阐发，形成重大影响，成为有史以来的第一人。陈亮并不是全盘接受王通的观念，他否定王通以佛为“圣人”，儒道释“三教合一”的主张。王通首倡“穷理尽性”之说，认为道德和利欲相对立，主张“静以思道”等观点，陈亮并不赞成。王通以无言无辩、“终日乾乾”为理想的处世方式，提倡不多言、不多事。陈亮也不作这样的取向。当然这些都丝毫不影响陈亮对王通的高度评价。他在《汉论》导言中赞扬王通是孟子之后最伟大的儒者。

王通对陈亮的影响不仅在学术上，也在教育上。王通以“明王道”为己任，具有一种强烈的历史使命感。为了达到这一目标，他一生最重要的事业，便是著述明道，讲学传道。以“立德有为”“入世治国”达到“明王道”的目的，其内容在于“以德教化”，具体方法在著述讲学、礼乐陶冶、因材施教、立志、正心、以身作则、以友辅仁等上面。

王通在教育实践中始终贯彻以人为本思想，其教育实践过程将礼乐陶冶、因材施教、自我提升、榜样示范、启发诱导、多元评价等教学方法发挥成艺术，这在古代教育史上是极为罕见的。王通提倡“学思并进、教研相辅”，注重学与思、问的密切关系，并突出思、问在学习中的重要地位。而这也影响了陈亮的教育理念和实践。我们可以看到陈亮在教学中非常重视以身作则、因材施教以及思维启发等方法的具体应用。

陈亮的恩师周葵

人生之旅，贵人难遇。周葵自然是陈亮的贵人。周葵让陈亮结识了许多高官名士，扩大了人脉资源；让陈亮去读《大学》《中庸》，拓展了知识领域。在两年多的时间里，周葵将陈亮带在身边，使之得以“朝暮以听”“随事而诲”。这对于一个青年人来说是多么难得的机会。

担任婺州知州的周葵因为《酌古论》而认识天才少年陈亮。那一年，陈亮十九岁，略相当于如今备战高考的高中生。陈亮动笔写作的那一年，南宋抗金大臣虞允文打败举兵南下的金主完颜亮。陈亮自然受到鼓舞，作品中洋溢着少年英雄那种不可遏制的豪情与冲动。陈亮的思想是早熟而深邃的，加之厚实的历史知识、策论文底子，《酌古论》成为一部了不起的军事著作。陈亮的用意是考古人用兵成败之迹，为抗金斗争提供战略、战术思想支撑。

它成书不到一年，南宋主战派首领张浚北上伐金，却吃了一次败仗。孝宗皇帝顿时慌了神，赶紧与金人议和，签“隆兴和议”。一时间主和派又占了上风，许多人都在庆幸得以苟且喘息。在仁人志士的心目中，失去中原是个痛，恢复故土是个梦。这部借古论今的兵书，自然引起了许多人共鸣。

周葵是个主和派，并且直接参与和议，他跟陈亮议论次张等人的一番话值得重视："我们这些平时谈王道、说诗书的，在朝廷执持纪纲尚可。要排解难题纠纷，应对猝然而发的事件，次张这些人一定是不可少的。我们自己办不到，却憎恨他人能办到，这是瞎说天下无士而期望国家之事办不成。"陈亮身上具有次张一样的英豪气质及能力。莫非这是主和派周葵极力赏识主战派陈亮的原因？

在《酌古论》中，陈亮分析宋朝立国之初就有尚文轻武的倾向，文武截然分为二途，陈亮认为"文武之道一也"。"吾以为谓文非铅椠也，必有处事之才；武非剑楯也，必有料敌之智。"他看了许多历史书和兵书，懂得英雄短长，用兵谋略，于是论光武、曹操、孙权、刘备、孔明、吕蒙、邓艾、羊祜、苻坚、韩信、薛公、邓禹、马援、崔浩、李靖、封常清、马燧、李愬、桑维翰等人。

《酌古论》所写虽为古事，却直面现实。所列的第一位人物就是汉朝的"中兴之主"光武帝刘秀。陈亮推崇刘秀："自古中兴之盛，无出于光武矣。"对一般人所称赞的"光武料敌明，遇敌勇，豁然大度，善御诸将"，陈亮认为只是其"中兴之一术"。刘秀用兵最大特点是"取乱诛暴，或先或后"，"有一定之略，而后有一定之功也"。总结刘秀"中兴之功"，"虽天命，抑亦人谋也"。尽管他不废"天命"二字，却强调"人谋"。毫无疑问，光武帝刘秀就是陈亮为南宋皇帝所确立的榜样，希望皇帝能矢志恢复，胸怀大略。

陈亮借助《酌古论》，把研究战争和战争史做成一门学问。这是对儒家在战争问题上"天命论""偶然论""神秘论"等观点的一个有力回击。孔子以及后世传人，在对待战争问题上始终持回避、厌恶和鄙视态度，不谈战争，更不必说研究战争。一旦敌人打来，儒学家们根本不知抵抗，往往只能选择死节或者变节。

朱熹曾在讲学中批评陈亮："看史只如看人相打，相打有甚好看处？陈同父一生被史坏了。"陈亮善于"看人相打"，能从历史上的军事人物、典型战例中探索战争规律，服务现实战争。王霸兼用，还是纯主王道？主战还是主和？陈亮的态度是坚定明确的。他儒法兼修，跟商鞅一样主张耕战结合，以战去战，研究战略、战法，敢于斗争，敢于胜利。

陈亮认为战争不单靠"耀智勇，据形势"决定胜负，取胜的主要因素还在于"仗大义以从人望"，正义之战，人心归附，必定取得最后胜利。

陈亮认为"成天下之大功者，有天下之深谋者也；制天下之深谋者，志天下者也"。那些善于策划统一天下的人，遇到敌人，并不是那些敌人都容易被打败，而是由于善谋者有术而已。术分为二，"运奇谋，出奇兵，决机于两阵之间，世之所谓术也。此其为术，犹有所穷。而审敌情，料敌势，观天下之利害，识进取之缓急，彼可以先，此可以后，次第取之，而无一不酬其意，而后可以言术矣"。显然后者，才是真正意义上的"术"。

陈亮在《苻坚》篇中提出："智者之所以保其国者，无他，善量彼己之势而已。"将帅必须首先了解敌情，对敌人的情势予以正确的估计。而在《封常清》篇中，他痛心地批评封常清的轻敌思想，"轻之而败，非敌败之，自败之也"。

陈亮将"中国"与"夷狄"分得很清楚，认为"以中国定中国，以夷狄攻夷狄，古之道也。借夷狄以平中国，此天下之末策，生民之大患”。他讽刺一些所谓“明君贤臣”，当他们处在“事变迫于前”时，不惜借助外族之力，虽能“权一时之宜”，却为后世埋下深重的祸患。陈亮的观点在当时语境中是合适的，换作各民族团结互助，共同繁荣进步的时代，则不足取。

想必陈亮会让学生们将《酌古论》作为读物和作文范本。陈亮那种“独好伯王大略，兵机利害”的思想一定会深刻影响学生。那些英雄身上的得失“可以观，可以法，可以戒”，如此培养的学生，“大则兴王，小则临敌”，可以成为国之栋梁。陈亮文章那种恣意汪洋的风格、创新性的思维，也能为今日课堂提供很好的借鉴。

周葵看到《酌古论》，对陈亮大加赞赏，与他探讨问题，称他为“他日国士也”。绍兴三十二年（1162），夏六月，孝宗即位。七月，岳飞的冤案得到昭雪。绍兴末，周葵迁任京官，先做兵部侍郎兼侍讲，后改同知贡举兼权户部侍郎。这一年，二十岁的陈亮与吕祖谦一起参加两浙转运司的秩试。到了临安，居住在周葵家中。宋孝宗隆兴元年（1163）六月丁卯，周葵以兵部侍郎参知政事。虽然身居要职，周葵依然对陈亮优遇有加。周葵显然是想让这个未来的“国士”能够得到更多抛头露面的机会。上门言事的士人和朝廷官员，都被引介去跟陈亮交谈。陈亮得以认识许多当时有名望的人，见闻、学问也日益扩展。

当时社会已深受道德性命学说的影响，陈亮却对此知之甚少。在许多士人、官员的眼里，陈亮是个粗鄙、鲁莽的乡下小子，他们对他除了好奇，或许还感到有点好笑。周葵很快觉察这一点，为陈亮前途考虑，周葵亲自教授他《中庸》《大学》，以便弥补他道德性命学问上的不足。陈亮尽心学习，以免孤陋寡闻，却更加坚信自己之前所研习的才是真正为时代所需的实学。

周葵是个能干而稳妥的官员，深得皇帝信任，他经常向皇帝推荐一些可用之才。陈亮给周葵写过一封信，推荐胡权、王衜、叶衡、孙伯虎等四人，认为当下边防不稳，财匮兵乏，士怨民离，执事方当大政，应该抓紧搜求人才，用于朝廷，共兴大业。这封信应该是起到了作用，叶衡受到提拔，不到十年时间，由小官员做到宰相之职。叶衡虽历任文职，却多才多艺，通晓武事。这样一位文武才能兼备且颇有政治声望的人物，被二十来岁的陈亮相中，足见青年陈亮生就一双识别英雄的慧眼。这显然跟他知晓英雄，一心想做豪杰的雄心壮志密不可分。

周葵曾将陈亮的书房取名为“中”。陈亮把这事告诉吕祖谦，觉得实行起来很难，想把“中”更改为“厉”，取意为“用力而择乎中”。吕祖谦为他作《厉斋铭》，希望陈亮要“敬而无失，大中之矩”。周葵为什么要送一个“中”字给陈亮？大概是他感到陈亮的想法失于偏颇吧。

周葵在对外策略上是主张对金求和的，隆兴二年（1164）南宋与金人达成和约，促成这件事的便是周葵。大家都缓了一口气，陈亮的心情反而更为沉重。虽然在陈亮的文章中看不到对周葵的任何不敬，但他们之间和与战的分歧应该很大。台谏官们纷纷上书，批评这次和议让步太多。主张议和的周葵深得宋孝宗信任，周葵提出辞职，孝宗不许。在大臣们走后，周葵单独留下来，再次提出辞职。孝宗再次挽留。结果周葵以参知政事的身份行使着宰相的职权，在他的操盘下“隆兴和议”成为现实。一个月后，为了安抚国内舆论，周葵被罢免参知政事一职。

周葵在学术上信奉道德性命之说，这是当时的社会风气。凡是渴望有所作为的人，修炼领悟心性义理，方能踏上科举仕途。周葵既然发现陈亮的聪明才智，便想将他引入义理之学的境地。陈亮坚持己见，开始时尚不辜负恩师期望，最终却发现道德性命之学无补于抗金大业，无益于国家中兴，也就没有深入研习。他继续研究历史，研究经世致用学问，走上反对程朱理学的道路。

虞允文、陈康伯当上了宰相，周葵请求引退，担任资政殿学士，提举洞霄宫。后来又被起用，担任泉州知州。其后告老回乡，闲居多年，不再操心世事。

陈亮客居临安三年，因为家里催办婚事，也在周葵罢相的1164年回到家乡。陈亮此后的命运变得坎坷，遭受许多变故与一连串打击。

陈亮在《祭周参政文》中回忆那段与周葵的交往经历："亮昔童稚，纵观废兴，大放于辞，愿试以兵。狂言撼公，一见而惊，借之齿牙，爰及公卿。爱均骨肉，前辈典型。《中庸》《大学》，朝暮以听。随事而诲，虽愚必灵。行或不力，敢忘其诚？晚以三丧不举，无颜对公，故数年之约未果，未几而先人之死，与公先后，故三年丧毕而一吊之未成。第见人事之好乖，不知墓草之几生。"恩师去世，陈亮因几位亲人的丧孝在身，竟不能亲自吊唁，对此怅恨绵绵。

陈亮与当时婺学界

陈亮生活的时代，婺州是南宋文化中心之一。全祖望曾评价说：“乾、淳之际，婺学最盛。东莱兄弟以性命之学起，同甫以事功之学起，而说斋则为经制之学。考当时之为经制者，无若永嘉诸子，其于东莱、同甫，皆互相讨论，臭味契合，东莱尤能并包一切。”

吕祖谦是陈亮的至交，人品、学识都让陈亮信服。他出身于儒学世家，学问渊博，为人谦和宽厚。其家风为“不名一师，不主一门，不私一说”，主张广泛交接各派人物，反对门户之见，甚至“街谈巷语”“舆台皂隶，人人皆有可取”。吕祖谦创立婺学，兼采众家之长，思想方法灵活，在朱熹、陆九渊之间，吕学具有明显调和理学和心学的折中主义色彩。

陈亮认为吕祖谦“天资之高，地望之最，学力之深，心事之伟，无一不具，其来未已”。陈亮在写给朱熹的《又甲辰秋书》中说：“亮二十岁时，与伯恭同试漕台，所争不过五六岁。亮自以姓名落诸公间，自负不在伯恭后。”两人同试发生在绍兴三十二年（1162）。此后吕祖谦学术与名声与日俱增，陈亮的功名之路却走得异常坎坷。

在朱熹眼里，陈亮“平时处于法度之外，不乐闻儒生礼法之论”，吕祖谦这样的贤者也与陈亮同处“法度之外”，作为朋友也不直面批判陈亮言论“狂妄”。

吕祖谦与陈亮的思想有许多契合之处。吕祖谦虽是理学家，并不空谈道德性命。他的学说“以性命之学起”，却提倡治经史以致用，要求“学者当为有用之学”。他在《太学策问》中提出“讲实理，育实才，而求实用”的主张，与陈亮事功学最为接近。吕祖谦人生的最后几年与陈亮成为挚友，有着许多共同话题。陈亮说：“亮平生不曾与人讲论，独伯恭于空闲时，喜相往复，亮亦感其相知，不知其言语之尽。伯恭既死，此事尽废。”又说“伯恭晚岁于亮尤好，盖亦无所不尽，箴切诲戒，书尺俱存”。甚至还说“四海相知，惟伯恭一人”。

吕祖谦认为教育要培养“实才”，标准是两条，即明体与达用。明体就是明“天理”。匡扶皇朝衰世，必须要先明伦理纲常之道。当时人们不遵从“天理”，是因为他们不懂，教育要帮助人们从“见之不明”到“见之果明”，分得清坦途与陷阱。他不赞成朱熹“醇儒”的教育目标，认为这样的读书人，缺乏实际治事才能，在关键时刻只会以死尽忠节，于国家毫无补益。真正的治国之才，既要有德行，又要有才能。如果只有德行，没有才能，犹如还没到成熟季的五谷，仍是无用之物。其次是达用。他抨击科举取士的弊病，指出对世人必须要“教之国政，使之通达政体”，才可以为他日所用。他说工匠做器物在于它的实用性，没有实用价值的东西，工匠就不会做。以此为喻说明读书做学问的出发点和归宿都在于实用。

吕祖谦提倡学以致用，认为如果读了许多圣贤书却不会用，与不识字的乡民、市民并没有太大区别。读书人要有自己的思想，敢于创新，终身顺从“老成人”的话，读了书还是毫无用处。在这些主张下，吕祖谦的授课内容虽以传授儒家经典为主，也重视历史知识，涉及自然与社会百科的方方面面，并主张学生习武。

吕祖谦与陈亮一样注重实学，突破道德性命之学藩篱，对当时华而不实的学风是一种冲击。尽管两人的社会及学术地位相差甚远，却并没有影响两人交往。陈亮敬重吕祖谦的人品与学识，吕祖谦看重陈亮的才情与胆略。在学术上，互相欣赏，互相切磋，互相诫勉。陈亮以新作向他求教，吕祖谦以为是“爱望之厚”，每每予以仔细审读，并作认真点评，做到褒奖不吝，批评不避。陈亮对吕祖谦称颂有加，希望吕祖谦在职为官，为同道主持公道。凡吕祖谦批评文字，陈亮无不虚心接受。

吕祖谦不仅在学术上与陈亮相互切磋，商讨问题，互邀论学，而且如兄长般对陈亮“诱之掖之”。对陈亮恃才傲物，吕祖谦循循善诱，告诫他要心平气和，气象宏裕。陈亮科举落榜，吕祖谦即致函陈亮勿以试闱得失为念，并托叶适带书、茶给陈亮，以示慰问。陈亮上《中兴五论》，言复仇大计，为孝宗皇帝赏识，孝宗想要召见，却为朝臣所阻，吕祖谦又为陈亮不得施展才华深感惋惜，并致书宽慰。

陈亮与唐仲友虽也沾亲带故，但关系并不那么亲密，还被凌濛初以《硬勘案大儒争闲气，甘受刑侠女著芳名》的故事编到《二刻拍案惊奇》里。关于朱熹与唐仲友那桩公案，众说纷纭。其中一说是唐仲友与陈亮矛盾不和，经常嘲笑陈亮学问粗疏，加以唐、陈二人争夺色妓，情场败北的陈亮遂向朱熹进谗言，朱熹信之而弹劾唐仲友。

唐仲友学术渊博，尤精于历代经制之学，颇负时誉。他性格中有孤傲的一面，平时不甚与人往来。在台州知府任上，朱熹为了达到弹劾的目的，连上六章，深文周纳，唐仲友最终被罢免。陈亮曾为此替唐仲友向朱熹说过情，却不被朱熹理睬。陈亮与朱熹一起构陷唐的说法，较难成立。据吴子良《林下偶谈》云："金华唐仲友，字与正，博学工文，熟于度数，居与陈同甫为邻。同甫虽工文，而以强辩使气自负，度数非其所长。唐意轻之，而忌其名盛。一日，唐为太学公试，故出《礼记》度数题以困之，同甫技穷见黜。既揭榜，唐取陈卷示诸考官，咸笑其空疏。同甫深恨。"全祖望说："或谓说斋自矜其博，常诋朱子不识一字，故朱子劾之；或又言说斋不肯与同甫相下，同甫构之于朱子。此皆小人之言，最为可恶。"

陈亮曾说自己年轻时与他人交游，他们并不了解自己，只得到陈圣嘉、应仲实、徐子才等人的肯定。陈亮说起"岁晚登门，遇知最隆"的长者章服时很是尊重，称他"学博而粹，气毅以洪"，并为他写过现存文集里唯一的行状——《吏部侍郎章公德文行状》。陈圣嘉也是陈亮的长辈，外地人，在永康任职，是章服的妹夫。因为有章服的赏识，章家后辈子孙当中多有陈亮的学生。

浦江倪朴"其学大略近陈同甫，谈兵说剑，耻为无用之学"。他认为用兵制胜，必须先审明天下山川形势，故遍考群书，著《舆地会元志》40卷，记载全国山川险夷、户口虚实及经济物产等状况，又绘成纵横各丈余的地图，挂壁间昼夜研讨，究悉用兵攻守险要。

在义乌，陈亮的交游活动与学术传播比其他地方更为深广。陈亮于义乌娶妻，缘于其岳丈之弟何茂恭的极力撮合。何茂恭对陈亮赏识有加，在"茂恭姻党皆以为不然"的情况下，反复致信说服何茂宏将次女嫁给陈亮。陈亮岳丈何茂宏虽巨富却“皎然不欺”“质直敢前，恭俭自持”。陈亮对何氏兄弟的知遇之恩心怀感激。

被陈亮称作“乌伤四君子”的喻良能、何茂恭、陈炳、喻良弼，都是德行才识兼备之人，陈亮对他们的为人及诗文成就评价很高。何、喻两家为义乌名门，富甲一方，在陈亮门生中，义乌人比例最高，尤多为何、喻子弟。喻民献“以学问自见于乡里”“首从同甫”“群从数十人偕焉”。喻偘“独出为诸生倡”，极力维护功利学说，陈亮入狱，他也“与同志极力营解，卒得出之”。喻南强“义形于色，骂其同门”，为救老师到永嘉向叶适求援。叶适为他的义举感动，又念及与陈亮的旧日友情，遂为疏通。其妻弟、门生何少嘉亦“营救不爱其力。浙江风涛之险，一日往返两涉之，几至覆溺”。

陈亮在义乌还有许多商界精英朋友，像恪守仁义的富商喻夏卿等，他们直接影响到陈亮对于义与利、仁与富的认识。陈亮从人欲的角度肯定追求财富的合理性、必然性，认为“为富不仁”的说法不合理。陈亮在与商人的交往中，耳濡目染他们致富治家的手段与接济天下的气度，对财政、税收、商业等问题有了更深的思考。在《东阳郭德麟哀辞》中，陈亮痛陈国家科举造士常对商人出身的士人废置不用的弊端。这实际上就是借哀郭德麟而哀叹自己不幸的遭遇。因为“以智自营”者，总是“为乡间所仇疾，而每每有身挂宪网之忧”，并被“所谓士者，常足以扼其喉而制其死命”，陈亮的两次系狱，实在是为此做了注解。

陈亮与永嘉学派教育家

事功学派，既包括倡言事功、专论皇帝王霸之学的永康学，又包括“以经制言事功”的永嘉学。它是在南宋乾、淳年间（1165—1189）与朱学、陆学对立斗争中，崛起于浙东的唯物主义学派，也称浙东学派。陈亮与叶适是事功学双塔高峰。

陈亮与永嘉学派的几位代表人物，如郑伯熊、郑伯英、薛季宣、陈傅良、叶适等交往密切，并保持良好友谊。陈亮有四次永嘉之行，与永嘉同志切磋学问。陈亮《南乡子·谢永嘉诸友相饯》一词写了与永嘉诸友在温州江心屿饯别之感：

人物满东瓯。别我江心识俊游。北尽平芜南似画，中流。谁系龙骧万斛舟。

去去几时休。犹自潮来更上头。醉墨淋漓人感旧，离愁。一夜西风似夏不？

姜书阁认为这首词大约作于淳熙六年（1179）或七年（1180）

秋初七月间，其时陈亮有永嘉之行，与陈傅良、叶适、郑景望、郑景元、蔡幼学、徐元德、陈谦、戴溪、徐谊诸友相聚论学。归时，诸子相饯，作词相谢。

陈亮与郑景望、郑景元兄弟交往甚密，陈亮还向郑景望问过学。郑景望曾知婺州，在任上曾设书院印行二程之书，聚生徒二百余人，亲临教授。陈亮十分推崇郑景望的道德文章，以为“尚书郑公景望，永嘉道德之望也”。淳熙三年（1176）之秋，郑景望为婺州守时从金华到临安，曾取道永康，访陈亮于龙窟。

郑景元与其兄齐名，二郑在永嘉为学人宗师。郑景元的性格与陈亮更为合拍，故相处颇厚。淳熙五年（1178），郑景元常访陈亮于龙窟。绍熙初年（1190年左右），他们又相聚一起切磋学问，议论往复，各有依据，而其意见也互有异同。陈亮对这次聚会印象深刻，他在祭文中说：“兄既长往，我存曷以！天长地久，盈眶之泪！”足见情谊之深。

薛季宣是二程的再传弟子，他转变永嘉学风，是使之成为朱熹不乐见的“事功学派”的关键人物。乾道四年（1168），他在郑景望处看到陈亮文章，了解到陈亮的志向，以没有当面聆听其议论为憾。乾道七年（1171），郑景望将陈亮与陈傅良各一文寄给薛季宣。等到薛来到临安，他又了解到二陈之名大盛京师。不久陈亮来访，两人相见甚欢。

继薛季宣之后的陈傅良，他与陈亮在思想上有较多相同点，但不似陈亮锋芒毕露，更显得学问深厚宏博，议论质实典雅。二陈之交始于乾道六年（1170）太学期间，他们同为芮晔门人。在陈亮心目中，陈傅良是仅次于吕祖谦的知心朋友，“四海相知惟伯恭一人，其次莫如君举”。陈傅良为人谨厚而秉性刚直，平时对陈亮也多有规劝。陈亮几次永嘉之行，都曾与陈傅良见面，彼此在学术上相互影响，友谊颇深。在淳熙十二年（1185），陈亮与朱熹论战最为激烈之时，陈傅良致书陈亮欲平息论辩，并说：“朱丈占得地段平正，有以逸待劳之气，老兄跳踉号呼，拥戈直上，而无修辞之功，较是输他一着也……至于其间颇近忿争，养心之平，何必及此！不得不尽情以告。”听到陈傅良如此评价，陈亮自然心中充满不平之气，即写信给予反驳。

黄宗羲认为：“止斋谓‘功到成处，便是有德；事到济处，便是有理’，此同甫之说也。如此则三代圣贤，枉作工夫。‘功有适成，何必有德；事有偶济，何必有理’，此晦庵之说也。如此则汉祖、唐宗贤于仆区不远。盖谓二家之说，皆未得当。然止斋之意，毕竟主张龙川一边过多。夫朱子以事功卑龙川，龙川正不讳言事功，所以终不能服龙川之心。”

叶适是永嘉诸子中辈分最低的，但跟前辈们都有接触，加上天资悟性很高，成为永嘉学术集大成者。他与陈亮结交早，也是陈亮少有的能推心置腹的朋友。

乾道中，十九岁的叶适离开乐清，游学婺州，与陈亮相识，成为知交。淳熙五年（1178），叶适擢进士第二，不久母亲去世，陈亮为她写祭文。从中可以看出叶适一度客居永康，两人见面一定很多。

淳熙十二年（1185），陈亮建亭台屋宇，成“燕坐”“抱膝”等居，陈傅良、叶适均为作诗咏唱。是年，陈亮还向宰相王淮写信推荐叶适。淳熙十三年（1186），叶适即为王淮所荐，任太学正，次年为太学博士。陈亮曾引叶适为自己学术同道与知己，甚至在临终前还亲嘱叶适为其撰写墓志铭。“且曰必信，视我如生”。陈亮死后，叶适作文以祭，又“请于朝，命补一子官，非典故也”。至宁宗嘉定十四年（1221），叶适撰成《陈同甫王道甫墓志铭》，此时离陈亮去世已经二十七年了。叶适在《书龙川文集后》云：“予最鄙且钝，同甫微言，十不能解一二……病眊十年，耗忘尽矣。今其遗文，大抵斑斑具焉，览者详之而已。”叶适关门弟子吴子良说：“水心少与龙川游，龙川才高而学未粹，气豪而心未平，水心每不以为然。”可见叶适对陈亮还是有些微词的。

陈亮中状元之后，与永嘉学派人士的关系变得很不融洽，直接原因是陈傅良认为陈亮廷对所答“一月四朝”是对光宗的阿谀。陈傅良曾因光宗不朝重华宫一事多次上书劝谏，但没有效果。有一次光宗在接受陈傅良的劝谏之后，想去上朝，刚走到屏风处，就被皇后拉了回去。陈傅良见此情景，马上趋步向前拖住皇上的衣裾，不让皇上离开，遭到皇后呵斥。陈傅良为此痛哭于廷，皇后更加恼怒。陈傅良无奈，下殿径自离开。当皇帝再下诏改陈傅良为秘书阁修撰仍兼赞读时，陈傅良就坚辞不受了。看到陈亮的廷对，陈傅良以为陈亮为了功名已经不顾伦理与道义，于是心生怨恨。陈亮最终赴任不成，有人以为就与永嘉学派诸人的非议有所关联。陈亮在病恨中寂寞死去，陈傅良以“不胜悲，辄止”，既没有为之写祭文，也没有写墓志铭与行状。这与挚友情谊不甚相合，想必其中是有原因的。

如果说陈亮没有做过官，只是事功学派中的“空想家”，那么“学而优则仕”的叶适却是事功主义思想的真正实践者。他在政治与教育上都有真知灼见，并积极推进这两方面的改革，还举荐陈傅良等数十人为有用之才，后果然都被诏用，“时称得人”。

叶适的仕途也很坎坷。宁宗庆元元年（1195），韩侂胄擅权，支持程朱理学的丞相赵汝愚被罢官，以朱熹为代表的理学被指控为伪学。朱熹师徒受到迫害。叶适因被翻出有官员弹劾朱熹时，曾出面为朱辩诬的往事，被视为朱的同党，受到弹劾而免职。极有讽刺意味的是，曾被朱熹视为对立面的事功学派首领叶适，赫然列在伪学逆党籍的五十九人名单中。

直到嘉泰二年（1202），叶适复出担任兵部侍郎，后又改任工部侍郎、吏部侍郎。韩侂胄想以抗金来捞取政治资本，就找一贯主张抗金的叶适为他起草诏书。虽然叶适一向积极主张抗金，但不主张冒险行动，提出“修实政”“施实德”，节用减赋以宽民力，在修编整兵的基础上出击敌营等一系列建议。刚愎自用的韩侂胄并没有听进去，贸然四路出师，结果诸军皆败。叶适临危受命，知建康府兼沿江制置使。他一上任就积极修边整兵，采用孙权“以江北守江”的策略，沿江淮水险之处修建堡坞，招募流民、勇士，出奇兵袭击来犯金兵，迫使金兵节节败退，自滁州逃遁而去。这是叶适用事功学理论所取得的胜利，是叶适政治生涯中所取得的最显赫的事功。这也侧面印证了陈亮事功理论必能在实践中大有作为。

不幸的是，在抗金斗争中战功卓著的叶适不但没有被封赏，反而因开禧三年（1207）韩侂胄的被诛而被夺职，从此结束政治生涯。五十八岁的叶适回到故乡水心村，潜心研究，授徒讲学，直到七十四岁病逝。

如果要问陈亮被授予官职之后，能再多活几年，或者再活十几年、几十年，又会如何。我以为陈亮一定会重蹈叶适的悲剧，或者更惨。这或许是专制社会贤人能臣的普遍性悲剧。

陈亮对朱熹的挑战

宋王朝失去北方大片国土之后，也失去民族与文化的自信。历经浩劫，偏安江南的南宋朝廷，面临着文化重构的重大命题。理学、心学、婺学、湖湘学等各派学者得以大展身手，从道德建设与兴办教育入手，开始这项艰难的文化修复工程。他们的学说大都从孔孟儒学出发，依据与归宿却各有千秋。

朱熹与陈亮都是招徒讲学的教育家，他们当时的地位及影响力不可同语。朱熹名震东南，陈亮崛起永康。

朱熹胸有大志，自幼聪明过人，四岁时就思考过“天之上何物”的问题。十岁习圣贤之学，每天研读《大学》《中庸》《论语》《孟子》，从不间断，以学做圣人为宏大志愿。他十八岁参加乡试，表现出色。第二年参加礼部考试，考中进士。绍兴二十一年（1151）被授予左迪功郎，任职各地，敬业爱岗，重视文教。

陈亮则少年“猖狂妄行”“学为语言，求以自见于世，凡世人之文章，无巨细必求观之”“十八九岁时，慨然有经略四方之志”“独好伯王大略，兵机利害，颇若有自得于心者”“以极论兵事”。虽曾有过朝廷重臣周葵的关爱提携，功名路上却屡遭失败，历经人间各种痛苦，远大志向不被世人所理解与接受。

朱熹因救灾有功，宰相王淮荐举他担任提举两浙东路常平茶盐公事。他在淳熙八年（1181）到任，访民情，弹劾官员，深得孝宗赞赏。淳熙九年（1182）春，朱熹巡历武义，往明招山哭祭吕祖谦。陈亮也因吕祖谦之故，赶到明招山拜访朱熹。两人一起游历讲论数日。陈亮对结交这位新友满怀期许，希望得到他的赏识，当面就将新写文章给朱熹过目。朱熹看后却有些不爽，当即表达自己的不同看法。朱熹后来在信中说“《策问》前篇，鄙意犹守明招时说”。当时，两人兴致颇高，这点破事在双方心中自然占不了地方。随后，朱熹又愉快地接受陈亮邀请，到永康龙窟山游玩了几天，然后依依分别。

对这一次经历，朱熹说“数日山间从游甚乐，分袂不胜惘然”，陈亮也在复信中说“山间获陪妙论，往往尽出意外”“别去惘然，如盲者失杖”。两人相见欢愉，相别牵挂。在学理上所存在的严重分歧，却已为往后论辩埋下伏笔。

朱熹细读陈亮所作《十论》中的五篇，大大地受到惊骇。特别是这次衢州、婺州一路走过来，他深深地感到浙江事功学说的严重危害：“江西之学只是禅，浙学却专是功利。禅学后来学者摸索一上，无可摸索，自会转去。若功利，则学者习之，便可见效，此意甚可忧!”朱熹在平时教学中对陈亮学说进行无情批判与嘲讽，《朱子语类》中留有许多这样的文字。他担心陈亮学说会成为异端，偏离儒家正确轨道。朱熹痛恨商鞅之类的法家人士，为强国扩张不惜以牺牲天理、良心为代价。朱熹感到自己有重大责任与神圣使命去拯救陈亮。第二年，他给陈亮写了一封信：“去年十论大意，亦恐援溺之意太多，无以存不亲授之防耳。后生辈未知三纲五常之正道，遽闻此说，其害将有不可胜救者，愿明者之反之也。”

陈亮是个务实而执着的人，他对自己的理念充满信心。为了改善生活与扩大学术影响力，他在家乡办学收徒，颇得其趣。

陈亮性格孤高，加上学说标新立异，无论朝廷还是乡闾，无端忌恨他的大有人在。一位叫吕皓的乡邻学者曾用尽刻薄语言挖苦奉劝过他，说陈亮如果在行为举止上不加以小心谨慎，哪怕仅在词语意气之间牵涉小人猜疑之心，都会惹上无名灾祸，不光自己脱不了干系，连门徒都要遭殃。吕皓的预言后来果真应验。

淳熙十一年（1184），陈亮遭人诬陷，竟与吕皓的父亲吕师愈、哥哥吕约一起身陷囹圄。在监牢里度过七八十天，因亲朋好友、学生们的奔走相助，分辨冤屈，才得以从里头出来，到了家中就收到朱熹来信，除了慰问，劈头盖脸就是一番规劝，认为陈亮此次致祸根本原因就是“平时自处于法度之外，不乐闻儒生礼法之论”，行事过于鲁莽。朱熹抱着救人救到底的想法，正告陈亮“绌去义利双行、王霸并用之说，而从事于惩忿窒欲、迁善改过之事，粹然以醇儒之道自律”。

陈亮一肚子憋屈未及释放，朱熹偏偏又来说教。陈亮的性格以及日渐丰满的学术底气，已受不了这样的指责。更何况他拿朱熹当作可以交心的朋友，想让他真正理解自己的学术与为人，就写信予以辩解。

他在给朱熹的《又甲辰秋书》信中，先是对朱熹信中提到吕祖谦在世时平日与陈亮“相处于法度之外”一说，为自己与吕氏辩白。接着陈述自己对于“王霸”与“成人”的主张。朱熹则回信明“天理”、抑“人欲”，贬陈亮所高视的汉唐，认为“千五百年之间……只是架漏牵补过了时日”，“汉唐所谓贤君，何尝有一分气力扶助得他”。这样一来二去，两人互抒己见、互不相服。陈亮更说自己的本意不在于做纯粹儒者，真正要做建功立业的智勇英豪，更是直斥：“今世之儒士，自以为得‘正心诚意’之学者，皆风痹不知痛痒之人也。举一世安于君父之仇，而方低头拱手以谈性命，不知何者谓之性命乎？”

这场辩论，两人主要围绕着“道”展开论辩。朱熹认为，“道”是超越永恒的存在，不因人而改变。正因为“道”是超越独立的，人要认识“道”，就需要不断去格物，提升道德修养。陈亮认为“道”常行于事物之间，“道”不离日用，喜怒哀乐爱恶得其正即为道。“道”在历史上是一直存在的。它是相对的，随历史发展而变化，因人的活动而改变。人能预道，是天地道中最关键的因素，因此人需要积极进取，建立功业，做汉唐君主式的英雄人物，以便不断发展“道”。

在王霸与义利上，朱熹坚持儒家传统王霸义利观，主张以义制利、以王道制霸道。陈亮则认为“霸”源于“王”，王霸之间并非对立关系，“谓之杂霸者，其道固本于王也”。

在“三代”与“汉唐”上，理学家有所谓“道统说”，认为尧、舜、文、武、周公之道，传之孔子，而后曾子、子思，传到孟子之后就成为绝学。北宋“二程”出道，方得直接于孟子，将汉唐排除在道统之外。陈亮认为汉唐与三代无本质区别。陈亮说：“使汉唐之义不足以接三代之统绪，而谓三四百年之基业可以智力而扶持者，皆后世儒者之论也。世儒之论不破，则圣人之道无时而明，天下之乱无时而息矣。”

在“天理”与“人欲”上，陈亮反对朱熹把“天理”与“人欲”加以割裂、对立的主张。他认为道学家所谓“气禀之说”，把人的气禀说成有清有浊，实质上是宿命论观点。陈亮认为人生没有圣凡之别，人的才性为后天练就。“人只是这个人，气只是这个气，才只是这个才，譬之金银铜铁，只是金银铜铁，炼有多少，则器有精粗，岂有于本质之外，换出一般，以为绝世美器哉！”

直到朱熹来信：“以往是非不足深较，如今日计，但当穷理修身，学取圣贤事业，使穷而有以独善其身，达而有以兼善天下，则庶几不枉为一世人耳。”他以放弃争较是非，转而践履儒道自勉，单方面停止这场论辩。淳熙十三年（1186）秋，陈亮给朱熹写了《丙午复朱元晦秘书书》，陈亮提出“亮所以为缕缕者，不欲更添一条路，所以开拓大中，张皇幽眇，而助秘书之正学也，岂好为异说而求出于秘书之外乎!不深察其心，则今可止矣”。

这次论辩影响很大，在浙江已经传开并多有议论，朱熹对此不满，怀疑陈亮对外传播，陈亮以“浙间议论，自始至终，并不晓一句”回复。

陈亮与朱熹之间的辩论，其实是功利主义与德性主义之间的论战。这场论辩对两人思想学术发展都产生了极大影响。朱熹意识到自己的学问因为片面强调格物之说，或背离初衷，流于忘己逐物。这场论辩更是帮助陈亮打下了江山，学术地位得到提升，永康事功学派思想得到广泛传播。朱熹曾对自己的学生说：“陈同甫学已行到江西，浙人信人已多。家家谈王伯，不说萧何、张良，只说王猛；不说孔孟，只说文中子。可畏!可畏!”

陈亮始终将朱熹视为可以吐露真心的挚友。陈亮在《复梁平叔书》中写道："七月方得脱天狱，十月十七日方幸讫事。追思当抱痛屈之时，甚不堪处一身生疮殆遍可悯。计且走建阳，寻晦庵老子说一场谈话，以舒久郁不伸之气。"[①]

① 见《龙川文集》"补编卷"之十辑轶《复梁平叔书》，陈亮著，陈广寒、成立海点校。中国文联出版社 2015 年 10 月第 1 版。此书在《复梁平叔书》一文后注："辑自《新昌县彩烟梁氏宗谱》，为《四库全书》所未收。"

陈亮的教育生涯

开办私塾

乾道八年（1172），三十岁的陈亮，开启陆沉在家的十年。他边劳动，边讲授，边著述。他在家乡开办私塾，招徒授课。

对于陈亮的这一举动，吕祖谦给陈亮写了一信，予以很大鼓励与谆谆期望："吾兄保社，今莫已就条理否？后生可畏，就其中收拾得一二人，殊非小补。要须帅之以正，开之以渐，先敦厚笃实，而后辨慧敏锐，则岁晏刈获，必有倍收。然此自吾兄所自了，固亦不待多言也。"

陈亮决意收徒讲学，除了传播学术，主要因家境更加贫困，生计难以维持。他在《章夫人田氏墓志铭》中提到自己"始，余于送往事居之礼缺然，未知所图，托于讲授以自衣食。而章氏之子椿实左右之。明年其弟与、允相继至"。先是同乡富户章巨川之子章椿"实左右之"，第二年，其弟章与、章允也相继来学。章巨川夫妇持家以礼，"饮食以时，品具精洁，户内如无人声"。为了让儿子们专心致志地学习，从不让生产劳动与家务事使其分心。儿子们在学业上获得进步，他们就欢笑，否则失声懊恨“有子何业”！对待儿子向学问道如此殷殷期许，连陈亮都感到很惊讶。

并不是所有人都如章巨川这样信任陈亮。由于陈亮平时自恃过高，邻里关系并不好。“乡闾识其素而不之信，众亦疑其学之非是也”。有人免不了就会以怀疑、讥讽的态度来评价他。就像跟陈亮门墙相比的吕皓就认为陈亮上书是有失“出处之大节”的，他说陈亮：别人没有问你，你却要强拉着别人衣角，死皮赖脸地跟人家说话；别人没有求你，你却执意上门强行推销。因为讥笑陈亮的人比较多，直到淳熙十二年（1185），陈亮还对此深有感触。他说：“昔之君子生于斯世也有三：其上则以先知觉后知，以先觉觉后觉；其次则守先王之道以待后之学者；又其次则淑其徒以及其乡闾……呜呼！其上者非亮之所当论，其次者非亮之所及论，而又其次者不能勉焉。虽欲勉之，而德不足以取信，言不足以取重，徒使此心耿耿而止焉。”

这一时期是陈亮事功之学的形成时期。他说：“辛卯、壬辰（乾道七年、八年即1171—1172）之间，始退而穷天地造化之初，考古今沿革之变，以推极皇帝王伯之道，而得汉、魏、晋、唐长短之繇，天人之际，昭昭然可察而知也。”

这期间，他在教育事业上孜孜不倦地追求。选择《六经》为教材，编写讲义，进行阅读指导；还编写《伊洛正源书》《三先生论事录》等，以正儒家之道。他不仅重视儒家学说的研究与传播，还利用自己的特长，编写《三国纪年》，以为史迁“善可为法，恶可为戒，文足以发其君子小人疑似之情，治乱兴衰之迹，使来者有稽焉”。还有重要的一点就是运用唯物主义的观点，古今对比方法，与学生讨论各种社会问题，指导学生写作。这种教法就当时而言，无疑是先进的，至今仍可借鉴学习。

陈亮讲学和著述是在极端艰苦的生活条件和政治环境中进行的。不管怎样，同情陈亮的处境，相信他的才学并愿意从其学的人还是很多的，比如钱廓、孙贯、徐硕、喻民献、喻侃、喻南强等，都成为陈亮最早的一批学生。

有个寓居在下里溪的乡贤章服，是在陈亮下帷设馆第二年（1173）正月去世的，享年六十八岁。其为绍兴二年（1132）进士，曾官至侍御史。在他晚年时，陈亮始结交于他。章服学问渊博精粹，为人坚毅阳刚，对陈亮“知遇甚隆”。陈亮说自己在少年时代不自爱重，到后来才有所悔悟，所以乡邻们看不起自己。只有章服一见面，就很赏识自己，并让自己的子孙一起跟他学习。一日，章服来到陈亮处，陈亮备好杯酒聆听章服言语，共同探讨天下人物，观点每每相合，识得章服“金玉人”。章服量宏志大，陈亮曾听到章服的子弟说他诵读到“每向秋山拾红叶，姓名那许世人知”时，辄讽咏不能自止。

当陈亮庆幸自己学问有所依归时，章服因病去世，陈亮倍感遗憾。章家子弟也是最早跟从陈亮学习的一批人，其中章湜、章涛、章渭、章海等多有出息。章服对陈亮的赏识，对抬升陈亮在永康的名声有一定作用。

陈亮虽仍以“六艺”之文、典制之作、科举时文为其教学一般内容，其弟子也以在科场中取得功名为目的，但他重视对学生思想引导，完全不同于当时学界的风气。对理学家津津乐道的心性义理竟毫不涉及，这说明陈亮始终以现实政事为根本关切，让学生致力实学实理。陈亮设馆之后，直到去世，除特殊原因暂时中断外，一生基本从事讲学活动。

五峰讲学

方岩的五峰书院，许多人写过，却都没有郁达夫的《方岩纪静》那么有名。

在郁达夫笔下，五峰谷的山崖犹如一张巨大嘴巴的上下颚，里面藏着五峰书院、丽泽祠和学易斋。这个比喻实在绝妙，使人置身讲学布道的场景之中，一张妙趣横生的嘴巴，许多聪慧敏感的耳朵。天籁与书声入耳，家事与国事在心。

在这里，不施椽瓦，而风雨莫及；冬暖夏凉，而红尘不到。其上头有固厚、瀑布、桃花、覆釜、鸡鸣五座奇峰，高高大大地环抱着。郁达夫站在五峰书院的重楼之上，听着飞瀑清音，目光从山根直往岩顶仰视，白云隐隐，远树约约，顿生一种幽静、清新，乃至于伟大的体验。

此时的郁达夫一定是有吕祖谦、陈亮和朱熹住在心里，才有这般奇异感。而那山谷的石壁上，“兜率台”三字分明醒目，据传为朱熹所题。“兜率”是佛教传说中“欲界”的第四层天，释迦牟尼、弥勒、观音在成佛之前都曾在“兜率宫”修为。中国古代神话里，“兜率宫”是太上老君炼丹的地方。这是个游离在人界、妖界、天界的境地。在这里，佛教徒可以进入西方极乐世界，道教徒可以修炼成仙，儒生们则可以成为圣贤。

郁达夫以为宋儒们喜欢利用山洞或风景幽丽的地方作讲堂，可能是借用自然的威力来压制人欲的缘故。如果说程朱理学教人克制欲望，金华吕学、永康事功学却并非如此。吕祖谦与陈亮都重史轻经，不空谈道德性命，提倡“讲实理，育实才，而求实用”。陈亮说“学者，所以学为人也”。作为一个人，自有其个性、品格以及欲望。

五峰书院的声名鹊起是吕祖谦与陈亮等人共推的结果。吕祖谦自乾道二年（1166）为母守丧始，在武义明招山结庐讲学多年。吕祖谦的学问底子特别厚实，四面八方的学子们纷纷前来问道。朱熹、陈亮、叶适等人也曾到明招山拜访过他。乾道九年（1173），吕祖谦又在明招山结庐守父丧，各地学子们重聚其门下，前后达三百多人。陆九渊认为吕祖谦在居父丧间讲学颇为不妥，更有人劝他不要因讲学而耗费精力。心性宽柔的吕祖谦首先想到的是如何安顿这些求知若渴的学子。他一面坚持讲学到年底，一面寻找能够接收这些学子的同道与去处。第二年春天，吕祖谦开始实施分流计划。其中的一部分读书人到了陈亮推荐的方岩五峰书院，吕祖谦、陈亮、叶适也来此讲学。

淳熙八年（1181）七月二十九日，吕祖谦去世。八月，朱熹提举浙东茶盐公事，负责浙东赈荒。淳熙九年（1182）正月，朱熹巡历金华，专门前往明招山祭奠吕东莱。陈亮听到这个消息，急忙赶往武义明招山与神交已久的朱熹会见。陈亮一直有通过吕祖谦认识朱熹的愿望，吕生前也曾极力撮合过，未曾想到自己死后却能促成两人的第一次见面。

在山道中，两人见面分外欣悦，大有相见恨晚之感。陈亮盛邀朱熹到自己家乡做客，朱熹怡然而往。朱熹唯一的永康之旅，到过龙窟陈亮家，又在陈亮的引荐下至太平去吕皓家劝赈济灾。吕皓的父亲吕师愈为当时永康首富。吕皓也因捐粮得以任仓使一职，朱熹向朝廷推荐他，补郡文学，后又上报礼部。吕皓，字子旸，志向远大，拜林大中为师，与陈亮、吕祖谦为友。吕皓正在五峰书院研学，因了这层关系，朱熹这一次到永康来，在陈亮、吕皓等的陪同下，到五峰书院进行讲学活动，并在石壁上留下墨宝。

吕瑗在《重建五峰书院记》中说："五峰书院自宋云溪府君，受朱夫子之知，偕叶水心、陈龙川、吕东莱诸先生讲学于此。因置田石鼓寮以资馆谷，若东主焉。"吕皓作为东道主，接待这些在当时学界重量级的人物来五峰书院讲学。

淳熙十一年（1184），吕皓的父亲吕师愈、异母哥哥吕约因为被冤家诬陷而被关押到大理寺，陈亮也在此案中受到牵连。吕皓上书申诉其中的冤情，并愿意用自己所得的官职赎罪。他表示自己作为圣世的堂堂男子不应该比不上汉代的女子缇萦。宋孝宗为之感动，破例满足吕皓的要求。于是，他的父兄以及因此被牵连的五十余人都得到释放。

吕皓经历以官职救父兄事后，参加礼部考试落第而回，于是断绝出仕念头，隐居到桃岩讲学，克己修慝，孜孜不倦。后来父母相继去世，吕皓守着庐墓尽孝而终。他拿出自家的田地作为义庄，用作同族乡人赡养和教育之资。制置使刘光祖、郡守王梦龙、陈骙等都曾以隐士孝友向朝廷举荐，他都没有应答。自称"云溪逸叟"，以著述表达自己的志向。

五峰讲学因为吕皓发端在前，吕祖谦、陈亮承接其后，在乾道末年到淳熙初期，日益兴盛，学子遍及浙东。后虽有吕祖谦从弟吕祖泰及潘文叔、时少章等人苦力支撑，学术巨头相继在此讲学的盛事已无法再续。

明嘉靖十五年（1536），五峰书院重续先贤事业，再创永康文教高峰。

“龙川书院”

淳熙十二年（1185），天象很是异常。正月，太阳两现黑子。五月，两地发生地震。六、七月间，太白星君竟在白昼大模大样地现身两次。而43岁的陈亮与朱熹进行震动学界的大辩论。

论争还没有达到两人交恶的地步，陈亮在一封给朱熹的信中分享着自己的快乐，这种快乐在苦悲的陈亮那里是绝对少有的。他说今年招到二三十个小秀才，继续以教书谋生。一面又开始构筑一个小花圃，在里面种着许多竹木，造了几个小亭子。他说到后年大考来时，就随大家一起再赴考场。如果侥幸得个功名覆身，就可以徜徉在园亭之中等待光阴老去。自己曾经操心过的那些宏大事业，就让有能力的人去干吧。有了空闲时光，他就拄着拐杖去武夷山拜访朱熹，推心置腹地交谈，一起探讨事物本源。留给后人一个交代，也不枉来这世界一遭。

在信中陈亮告诉朱熹，两人对坐过的房子，已经横延出去一间，取名为“燕坐”。再前行十步，新造三间柏屋，叫作“抱膝”。中间种了一些秋香海棠，用竹子围起来，间杂着梅树，门前种了两棵桧树、两棵柏树。对着一个小池子，这里很适合养老。已经请叶正则作了两首《抱膝吟》，陈君举也作了一首。用词很是考究，却都没有尽情畅发“抱膝”的意蕴，也不合自己的心意。想让朱熹也给自己作两首诗，一首为和平之音，一首为悲歌慷慨之音，以便将来坐在此屋中吟唱着自娱自乐，就好像两人对坐面谈一般。他已经让送信的人多带五天的口粮，在朱熹那里多待个五七天不成问题，让朱熹千千万万要写给他。

然而，仆人只带回来“抱膝”“燕坐”“小憩”等几幅墨字。陈亮最希望朱熹题写的那两首诗并没有带回来。直到绍熙四年（1193）九月，陈亮在给朱熹祝寿信中又提及此事。朱熹回信说：“《抱膝》之约，非敢食言，正为前此所论未定，不容草草下语。须俟他时相逢，弹指无言可说，方敢通个消息。”直到陈亮去世，朱熹始终没有写《抱膝》之诗。

陈亮所建造的是个很大的园子。除去上述的三处，还有“舫斋”“临野”“隐见”“观稼”等建筑，以及大大小小的池子若干。光听那些名字，便可知陈亮此时那种隐逸乡间的心境。此时的陈亮似乎有一种满足，特别是因过去生活贫穷而出卖的200亩祖产，又回到自己手中。

此时的陈亮俨然是个财主，教书不再是解脱贫困的一种手段，而成为传说布道的迫切需求。

“更去西十步，即作小书院十二间，前又临一池，以为秀才读书之所，度二年皆可成也。”在祖产之上陈亮开始规划，准备用两年时间扩大书院的规模，为小秀才们提供更理想的读书场所。

这个有十二间房子的小书院应该是建成了，至于它叫什么名字，无从考证。陈龙川办的书院，同乡与学生们完全可能把它叫作“龙川书院”。

《龙窟朱氏宗谱》刊有《龙川书院记》一文。其记提及：“永康县东六十里，有小崆峒，故宋状元文毅陈先生肄业之所。先生才气超迈，隆兴初上《中兴五论》，淳熙中诣阙上书，震动朝堂，当时权臣欲见焉，先生耻之，即渡江退居婺永康龙川之上，筑龙川书院于洞前。从游者云集，雄视今古，议论风生，诚一代之文人达士也。盖先生于东莱为内外兄弟，而紫阳则师友往还，紫阳亦历过其家，先生亲接二夫子绪论，故其书得所依归，至久无弊。绍熙初以策进士第一，授签书建康府（军）判官，未上卒。其书院鞠为丘墟，子孙杂为繁职者，迄今三百余年矣。里人朱希成，先生七世孙婿也，尝欲即故址兴畚筑，未果。其孙彦宗、彦霖昆季，读书好礼，乃创书院三楹，翼左右两厢，门垣庖辐，几案文房之具咸集，又捐己膏田数亩余入院，择师儒，严训诲，合陈、朱二氏子弟洎远方愿学者居焉。束脩薪米，取给以备，其用心亦仁矣。间因训导欧阳汶谒庭请记。”这篇《龙川书院记》的撰者是明宪宗成化年间的浙江等处提刑按察司刘钎。刘钎，字仗和，江西安福人。

据上述记载，龙川书院位于陈亮故居所在的龙窟山小崆峒，系陈亮幼时的读书处。附近有普明寺，陈亮曾为之写过《普明寺置田记》和《普明寺长生谷记》。陈亮在此山寺中读书，是极有可能的，后来营造的陈亮墓也在这边山上。这一带又名龙川，故以龙川书院为名。

《龙川书院记》说陈亮在宋孝宗淳熙五年（1178）上书朝廷后，回到永康龙川建筑书院于小崆峒前，并亲自讲学授徒近十年。陈亮淳熙十二年（1185）给朱熹的信中所说的准备用两年时间建一所小书院，是对它进行扩建的意思吗？

学为成人的教育目的

南宋王朝积贫积弱，面对国土丧失、兵祸不断的社会现实，统治者只是“忍辱事仇，饰太平于一隅以为欺”，继续实行抑武崇文政策，提倡教育和养士。

发端于周敦颐、“二程”的理学，在朱熹那里发展到了巅峰，成为新儒学，越来越受到士大夫的青睐和推崇。新儒学强调“内圣”追求与道德培养，忽略“安百姓”这一“外王”的终极目标关怀。陈亮清醒地意识到“枕戈饮血犹恐不及”的时代，理学家们的学院派教育只是闭门做些迂阔而毫无用处的功夫，白白耗费青年们的精力，举国上下却是“人才之能通姓名于上国者，如晨星之相望”。

陈亮尖锐地指出：“自道德性命之说一兴，而寻常烂熟无所能解之人自托于其间，以端悫静深为体，以徐行缓语为用，务为不可穷测以盖其所无，一艺一能皆以为不足自通于圣人之道也。于是天下之士始尽丧其所有，而不知适从矣。为士者耻言文章、行义，而曰‘尽心知性’；居官者耻言政事、书判，而曰‘学道爱人’。相蒙相欺以尽废天下之实，则亦终于百事不理而已。”

当时的官学同样堪忧。“绍兴和议”之后，太学与地方州县学虽得以恢复和发展，但无不以科举为先务，学生“以终岁之学，而为一日之计”。这样的教育所培养出来的人，只是考试的工具，并无国家所需的实学实才。

陈亮提出学校教育不是为了培养猎取功名之士，而要使学成之人“长短大小，各见诸用，德行、言语、政事、文学，无一之或废”。陈亮认为人才“要以适用为主耳”，要服务于现实的斗争与社会发展。

陈亮继承与发展孔孟儒家思想，提出要“学而成人”，由“做个人”为起始，进而成为有“堂堂之阵，正正之旗，风雨云雷交发而并至，龙蛇虎豹变见而出没，推倒一世之智勇，开拓万古之心胸”之人的主张。陈亮“成人之道”可以分为三个层次。

第一层次，即最高目标是培养“非常之人”。他说：“有非常之人，然后可以建非常之功。求非常之功而用常才，出常计，举常事以应之者，不待智者而后知其不济也。”这种“非常之人”，就是他所说的“雄伟英豪之士”“超世迈往之才”。这种人能够并且敢于正视现实，有自己的主见，能“言当今之利害”，敢于“斥百家之异说”“力足以当天下之任者”。

第二层次，“学为成人”。陈亮引用《论语·宪问》：“子路问成人。子曰：‘若臧武仲之知，公绰之不欲，卞庄子之勇，冉求之艺，文之以礼乐，亦可以为成人矣。’”证明孔子把“知”“勇”“艺”作为成人的规格和必备条件，用以说明自己主张的不无根据和权威性。“故亮以为学者学为成人”，而不是如朱熹所说教人做“醇儒”。陈亮所说的“成人”具有很高的规格，他甚至说“圣人，方是成人”，“圣人，人之极则也”。

第三层次，即最低目标“学为人”。“学为人”就是学“做个人”，也就是他所说的“常地”。他一再说“人生只是要做个人”，“亮……亦自要做个人”，“学者所以学为人也，而岂必其儒哉”。

不论陈亮所说的最高培养目标，还是中等培养目标，抑或是最低培养目标，教育最根本的一点就是“搅金银铜铁镕作一器”，“要以适用为主”，能够为处在风雨飘摇中的南宋社会除乱救世，建功立业，做出切实有效的贡献。

其具体特征如下。

第一，真才实学，博学多能。他认为所培养的人要有担当天下的智勇、才能。“天下，大物也，须是自家力气可以干得动、扶得转，则天下之智力无非吾之智力，形同趋而势同利，虽异类可使不约而从也。”对于读书人来说，应该能文能武、才智双全。用陈亮的话说就是：“文非铅椠也，必有处事之才；武非剑楯也，必有料敌之智。才智所在，一焉而已。”“文武之道一也”，而不是“文士专铅椠，武夫事剑楯。彼此相笑，求以相胜。天下无事则文士胜，有事则武夫胜。各有所长，时有所用，岂二者卒不可合耶？”

第二，心胸开阔，意志坚强。陈亮在与朱熹的论辩中明确表示他不愿做朱熹所提倡的“醇儒”。他的做人目标是“堂堂之阵，正正之旗，风雨云雷交发而并至，龙蛇虎豹变见而出没，推倒一世之智勇，开拓万古之心胸”的人，也就是做一个意志坚强，旗帜鲜明，能经得起各种艰难困苦考验的心胸开阔的人。这既是他的追求和理想，也是所培育人才的高贵品质。

第三，济世经邦，救世除乱。陈亮在政治思想上力倡功利，注重政治措施的实际效果，强调“留神政事，励志恢复”，要求培养的人才能够救世除乱，为国为民建功立业，符合时代和时局的急需。

他坚决反对培养朱熹、陆九渊所主张的人才。他说："世之学者，玩心于无形之表，以为卓然而有见。事物虽众，此其得之浅者，不过如枯木死灰而止耳。得之深者，纵横妙用，肆而不约，安知所谓文理密察之道！泛乎中流，无所底止，犹自谓其有得，岂不可哀也哉！"陆九渊只注重个人心性培养，企图使人的心性不受纷乱社会现实的干扰，结果使人成为"枯木死灰"的废物，对国家的安治起不到任何作用。朱熹虽要求留心"文理密察之道"，但"肆而不约"，支离破碎，对当时社会的治理也不能做出实绩。陈亮坚决反对理学家们所谓的人才标准。他甚至认为只要有"救时之志，除乱之功，则其所为虽不尽合义理，亦自不妨为一世英雄"。陈亮所倡导的培养目标是对理学家的迂阔和南宋因循苟安社会风气的批判和否定。

陈亮认为程朱理学家所谓的"醇儒"，非但不合世事之急需，而且不符古代圣贤之遗教。孔子是把知、仁、勇、艺均视为成人条件的，而朱熹的"醇儒"仅限于"不欲"，显然是错误的。陈亮所提倡的真正"成人"，应当是文武兼知，博学多能，才智俱全，能够兴利除弊的"一世英雄"。

他盛赞汉唐"竞智角力""本领开廓"，有"救民之心""匡世之志"，以成就"大功大德"，从而"震动一世"。

陈亮提出的教育要培养德才兼备、文武一道、艺能精熟、开拓古今的人才思想，不仅同程朱理学教育目的划清界限，而且充分体现了事功学派教育目的特色。

为英豪立传

陈亮喜欢研究历史人物的成败得失，更敬佩英豪，曾一度热衷搜集古代英雄豪杰的事迹，并编成《英豪录》。他在其序中说，过去有人以千金寻找千里马而找不到，就花五百金买下千里马的骨头。没过多久，听到消息的人就将好多千里马送来了。陈亮想用古代英豪的事迹作为“千里马之骨”，为国家唤来足以担当时代大任的英豪之士。

陈亮所认为的英豪具有“非即人以求用”的自愿选择，又有“宁不用死”的坚韧意志，更有“信口而言，惟意之为”的情感冲动。即使遇到饥寒困厄，依然能够保持其事天下、剿强敌的事功抱负。

陈亮悲愤地说起英豪们以天下为己任，不拘泥礼法，不惧生死祸福，有过人才智，却常常不待见于庸人。不管是在承平年代，还是在艰难危亡之际，英豪“困而不达”是一种常态。英豪被埋没，甚至被人们视为狂妄之徒。政治“精英”阶层，不仅对英豪视而不见，还对能够发现并重用英豪的人横加指责，这说明上层已经腐朽败坏。在“艰难变故之际，书生之智，知议论之当正而不知事功之为何物，知节义之当守而不知形势之为何用，宛转于文法之中，而无一人能自拔者”。要改变这种状态，作为人主应该以“喜怒哀乐爱恶”“鼓动天下”，得“非常之人以共天下”。

陈亮认为才与能、气与知的分离，使一些儒者缺少对社会的担当。陈亮认为英豪应该有真才实学，“担当开廓”，有“推倒一世之智勇”。英豪虽不能“全体洁白”，却可以在现实中使天地人物接续不坠。特别是在英豪标准上，把事功放在第一位，认为道德不能仅仅是一种内在的涵养，更要体现于行为活动，道德的价值只能在经验实践中才能被体现出来。陈亮认为功利和道德统一于事功，汉唐一些有作为的君主虽有各种道德瑕疵，但因他们开创的丰功伟业，足以彪炳史册。

陈亮不仅欣赏历史上的英豪，更关注现实中的“非常之人”。建炎、绍兴之间，出了不少英豪，有的埋没不用，或者不被大用，有的大用而又不得始终。他编书时，仅仅过了不到四十年，社会已经忘记其中许多人的名字。他搜集那些奇人异闻时因见闻单寡，不时向故老们请教。陈亮所制订的写作计划非常宏大，按规划分大臣、大将、死节、死事、能臣、能将、直士、侠士、辩士、义勇、群盗、贼臣等“十二门而分传之，总目为《中兴遗传》”。序的开头，他讲了伯康与次张的故事。

初，龙可、伯康游京师，辈饮市肆，方叫呼大噱。赵九龄、次张旁行过之，雅与伯康不相识，俄追止次张，牵其臂迫与共饮。次张之父时守官河东，方以疾闻。次张以实告，伯康曰：“毋苦！乃翁疾行瘳矣。子可人意者，为我姑少留。”次张不得已从之。箕踞笑歌，诙谐纵谑，旁若无人，次张固已心异。一日行城外，过麻村，观大阅之所。伯康勃然曰："子亦喜射乎？"次张曰："颇亦好之，而不能精也。"伯康曰："姑试之。"次张从旁取弓挟矢以兴，十发而贴中者六七。次张心颇自喜。伯康拾矢而射，一发中的，矢矢相属，十发亡一差者。次张惊曰："子射至此乎！"伯康曰："此亦何足道。千军万马，头目转动不常，意之所指，犹望必中，况此定的，又何怪乎！"次张吐其舌不能收。俄指其地而谓次张曰："后三年，此间非吾土。子姑识之。火龙骑日，飞雪满天。此京城破日之兆。"因嘻吁长叹，不能自禁。后三年，京城失守，其言皆验。中原流离，伯康自是不复见矣。岂丧乱之际，或死于兵，抑有所奋而不能成也？次张每念其人，言则叹惜。

绍兴初，韩世忠拒敌于淮西，力颇不敌。次张献言乞决淮西之水以灌敌营。朝廷易其言而不之信。已而敌师俄退，世忠力请留战。敌帅使谓曰："闻南朝欲决水以灌我营，我岂能落人计中？"次张言虽不用，犹足以攻敌人之心者类如此。次张尝为李丞相所辟，得承务郎。督府罢，次张亦径归。大驾南渡，次张侨居阳羡。故将岳飞，尝隶丞相军中，次张识其人于行伍，言之丞相，给帖补军校，后为统制。遇大驾巡永嘉，与诸将彷徨江上，莫知攸适；又乏粮，将谋抄掠。次张闻而竞往，说飞移军阳羡，州给之食。飞得无他，而州境赖焉。人有言次张生平于赵丞相者，丞相喜，欲用之，复有谮者曰："此人心志不可保，使其得志，必为曹操。"丞相疑沮而止。次张度时不用，屏居不出，竟死。

两人有料敌之智，制敌之勇，却不为朝廷所用。陈亮深以为憾，故录之。陈亮当年曾听周葵多次说起他向朝廷举荐这两人，可满朝大臣都反对，说他如此正派人物，怎可念念不忘这些狂妄之徒？周葵就跟他们说，我们《诗》《书》熏陶出来的朝臣，庙堂发发议论可以，一旦遇到仓促发生难以排解的复杂事，就惊慌失措，毫无办法，关键时刻还得靠这些奇异之才。千万不要自己办不了事，又不想让别人干，满口胡言说天下没有人才，这实在是巴望国家不成气候。

陈亮对周葵这番话感触很深，也对二人的才具被埋没而分外惋惜。陈亮感叹世上的英豪，沉没于困厄与贫穷，不为当世所用，想用又被人怀疑动机，相同遭遇的人一定还有很多。

俗世之中，自然也有“金玉人”，他们品行高洁，安贫乐道，守志不移。陈亮搜集历史上品行端正的士人故事，为《高士传》。陈亮依承孔孟的说法，认为“三代”之时，“人人有士君子之行”。周代文明衰落之后，“颜闵之徒终身陋巷，朝不及夕，蔬食以自如，鼓琴以自娱，视天下之乐举无以易此者”，“自颜、闵以来，若四皓、严光、黄宪、徐稺之流，皆其信道之至者也”，可“令其遇时行道以正风俗”。陈亮说自己阅读历史，对那些高人心生景仰，特别是对那些隐没山林，连事迹都没有流传下来的隐士深感遗憾。陈亮经常对照他们的品行激励自己，并与学者们一起去努力实践。

陈亮在《忠臣传》的序言中认为所谓的“忠”先要爱自己的国。他认为武庚是古代的忠臣孝子，翟义、王淩、毋丘俭、诸葛诞等人“忠胆愤发，视其国之倾、身之危，不啻不暇熟权其力，趣起扶之，意虽不就，此其心可诬也哉”。臣子的忠与不忠首先要看的是对国家的情感与态度。陈亮在《义士传》的序言中继续发挥这一观点，明辨什么叫作“义”。他认为“义者，立人之大节”，“君臣之义，虽有圣人不可易”。伯夷、叔齐在周是“顽民”，在商却是义者。陈亮在《谋臣传》的序言中认为“君子行权于正，用智以理”，“五常之用，智为难，仁义礼信，过则近厚，过于智，贼矣”。在《辩士传》的序言中，陈亮辨明古今辩士之异同，认为立言论事，要其归以正，不要嗜利无耻。

“有非常之人，然后可以建非常之功。求非常之功，而用常才、出常计、举常事以应之者，不待智者而后知其不济也。”陈亮所收集的都是非常人的非常事，他希望国家能重视网罗人才。《英豪录》等七部人物传是开阔学子心胸的好教材。

重视儒家经典教育

儒家经典是封建时代科举考试的主要内容，也是读书人成为国家栋梁的敲门砖。南宋的官学、私学大都以应试为目的，甚至对于官学的考核都以科举考试通过率为指标，并与拨款直接挂钩。太学、州县之学的课程也完全照搬科举考试科目，设置经术、论策和诗赋等。经术的教材为儒学“五经”——《诗》《书》《易》《礼记》《周礼》，增加《春秋》为“六经”；《论语》《孟子》称为“兼经”。

陈亮在创办学校之初，也采用“六经”与《论语》《孟子》作为学生阅读经书的基本教材，为概括经书的主题和内容，写了《六经发题》《语孟发题》。

从中可以看出陈亮的一些观点与当时普遍见解并不相同。他往往用自己的事功学观点解释“六经”。他认为“六经”是圣人以道测度古今之变的文献结集，圣人以“六经”垂训万世就是以道垂训万世，读经即是明道。他批判朱熹并没有弄清这个道理，以解词剖句割裂篇章的方法读经，这是错误的。

陈亮在《六经发题·书》中提出“夫盈宇宙者无非物，日用之间无非事”的事功学派重要观点，认为古代圣帝明晓事物之理，将它们写出来确立治政之法，是顺从民心的。孔子删定《诗》《书》，也不是圣人一己之私，而是天下公心。所谓的“道”普遍而公平地施用于日常之间，以诗言情志，情志正则合于道，道就是性情中正。

陈亮认为周礼是周王根据当时人民生活实际情况所确定的治理之法，以人道为确立准则。后世帝王同样可以根据时代之宜，对周礼加以损益变通。礼以别亲疏，根本在天并不违背人情，称之为天然之则。《礼记》所载各种礼仪，虽然只是日用饮食、洒扫应对之事，读之却能使人心满意惬。这是因为事礼之文，合乎人的自然性情。

《春秋》所记载的是天子诸侯行事，其大义则是天子用来奉行天道的。孔子取鲁国史记的旧文，根据天子、诸侯所行之事予以匡正，其赏不违天命，其罚不违天讨，犹如周天子以赏罚奉行天道。

陈亮认为《论语》一书，是为“下学”，所记无非是日常学习、修身之事。用心于此，“功深力到，则他日之上达，无非今日之下学”。陈亮说自己对于《论语》愿意终身学习，并与学生们共同讨论其根本意旨。《孟子》一书的主旨是正人心，探究循从之本，应当知道严于义利之辩的微妙之处。

陈亮在《三国纪年·序》又说：《易》是上古史纲，因年代久远，不可详述，仅“著其变之大者”；《书》是唐虞三代君臣行事之书，讲的是“盈宇宙者无非物，日用之间无非事，古之帝王独明于事物之故，发言立政，顺民之心，因时之宜，处其常而不惰，遇其变而天下安之”；《礼》是载周代“先王之礼物”，供后世考察，即“先王之遗制具在……自伏羲、神农、黄帝以来，顺风气之宜而因时制法，凡所以为人道立极，而非有私天下之心也”；《诗》记周代各国之兴亡和各国风化；《春秋》是“事几之衡石，世变之砥柱”，为百王之所取法。

不管与程朱理学有多少的分歧，陈亮始终认为自己是儒学继承者，而不是反叛者。为了弘扬儒道，传播思想，陈亮亲自动手编纂、刊印大量书籍，供学生和自己阅读学习。他编辑、刊印的书，不仅有古代典籍，也有一些本朝思想家的作品。他亲手编写的儒经教材，尽管大部分无存于世，仍可从他所作的序中窥视一二。

陈亮继承北宋道学，辑录周敦颐、张载、程颢、程颐等人的哲学著作和言论为《伊洛正源书》，“集为之书，以备日览”，“因集其遗言中凡参考礼仪而是正其可行与不可行者，以为《伊洛礼书补亡》”。

辑录《三先生论事录》。“三先生”者，胡瑗、孙复、石介。“以为有补于先生之学，顾其自警者不得不然耳”。他们的学说对宋代学术之昌明有导源之功，对陈亮学术思想，尤其是其特尚《春秋》观点有直接影响。

辑录刊行《杨龟山中庸解》，让学生们选择使用。杨龟山即为“立雪程门”的杨时，深得程门嫡传，为北宋大儒。

陈亮在淳熙十二年（1185）秋九月，将湖州人文伯名棐者的《春秋总论》进行编辑刻印，并易其名为《春秋比事》，“即经类事以见其始末，使圣人之志，可以舍传而独考”。

陈亮辑录《胡仁仲遗文》，认为其不仅“实传文定之学”，而且“辨析精微，力扶正道，惓惓斯世，如有隐忧”。

编印郑伯熊之《书说》《杂著》，其胸臆阔大，议论弘博，可以明“帝王之所以纲理世变者”，同时又足为时文之范本，故也“推其文以与学者共之”。

在文学上，他独推崇欧阳修的文章，认为其文“根乎仁义而达之政理，盖所以翼‘六经’而载之万世者也”，体现“文以载道”的传统。读之“蔼然足以得祖宗政治之盛”，故编为《欧阳文忠公文萃》，以授弟子。

陈亮虽把儒家经典作为教学内容，但对经书的看法完全迥异于朱熹。朱熹认为圣人所著的经书传授的是超绝于物质世界之上的、万古不变的神秘的天道、天理，句句都对，后人不可改易。陈亮则认为经书也是历史文献，所讲的道是人道，所讲的理是事物之理，并不神秘，它可以供后人参考借鉴，是可以损益变通的。他说：“盖至周公，集百圣之大成……曲而当，尽而不污，无复一毫之间，而人道备矣。人道备，则足以周天下之理，而通天下之变。变通之理具在，周公之道盖至此而与天地同流。……周虽自绝于天，有能变通周公之制而行之，天下不必周，而周公之术盖未始穷矣。”

陈亮对学习儒家经典的态度，也与朱熹、陆九渊等人根本对立。朱熹认为“六经”全是“天理”的体现，陆九渊则认为“六经”是“吾心的载籍”。他们认为学习“六经”只能验之于心和体之于身，绝对不得改。陈亮在教学中要求弟子从经书所载的治道事迹中得到启示，因时因事，进行参照，为解决南宋社会实际问题而灵活运用，在实践中建立功业。

鼓吹“异端”之学

陈亮坚守儒家思想，重视从经史中寻找解决现实问题的思路与方法。他特别青睐那些思想独特且有突出作为的历史人物，为他们的学说被世俗视作“异端”深感不平。

事实上，所谓“异端”“歪理邪说”“邪路”等，是统治阶级及其代言人打击持异见者的基本词汇，用以丑化那些让他们恐惧的现实中或假想中的竞争者。在人类历史上，这样的事不止一次地发生过，比如宗教裁判所对哥白尼、伽利略等进步科学家的残酷迫害。

陈亮为“异端”辩护，他分析历史上一些所谓的“异端”，往往是因为一些人的狭隘与偏见造成的。陈亮认为理学兴起之后，学者常常把尧舜禹孔孟作为“道统”继承，而把不同于孔孟学说的老、庄、佛、道之说都说成是“异端”，甚至连当年孔子称许过的管仲之学，因它讲的是功利，也被归于“异端”。陈亮认为所有学术本身皆有渊源，创始者也是出于忧世进而去探求圣人之道，学术思想本身可以是多元的，不可以将不同于自己的意见称作“异端”。

陈亮认为普通民众是服从型的人格，他们等待圣人的出现。英雄豪杰则不会等到圣人出现才跟从，他们可以让自己的内心勃然而发。英雄豪杰反应敏捷，果敢有力就是因为那些“异端之学”触发了他们的内心之机。张良、诸葛亮是这样的人，贾谊、魏徵也是这样的人。贾谊与魏徵的际遇却完全不一样，有治国安邦之才的贾谊不为君王所用，同样能匡扶天下的魏徵却成为贤臣明君相得益彰的典型。胸怀决定作为，善待“异端”的君王，成就了一番大业。张良、贾谊、诸葛亮、魏徵等人的学问都不是“异端”，都是有用之学，而且都可以从传统儒学中找到来处。

反观陈亮一生，因为自负常被世人视为“异端”。他的观点经常与主流发生冲突，与世人格格不入，与乡邻、恩亲忤逆。即使在被皇帝钦点为状元之后，依然为永嘉同人所不解、不齿，连被称作“好友第二”的陈傅良都不理解他。陈亮坚持自己，不被世俗偏见所左右，在思想与行为上与张良、贾谊、孔明、魏徵等人为伍，渴望学到如他们那样的治国安邦的“异端”治术。

他认为所谓的“异端之学”是用不同的路径、方法去探究圣人之道而已。从其起源上讲，还是归宗于儒家所推崇的“三代”圣人，比如老庄源于黄帝，许行发扬神农之言，墨子以大禹为祖，申不害、韩非子受之于《道德经》。他们起初并不认为自己开创了异端之学，最后却被迂腐之儒认定为有违于圣人之道。

后世的英雄豪杰，天资聪明，眼见独到，得到某本书、某种理论的点化启发，就脑洞大开，超然拔萃。一旦有机会，他们就像奔跑的兔子、搏击的老鹰一样，成就天下的骏功而不再有人能抵挡得了。张良、孔明就是这样的人，能够做出一番事业，而跻身于名臣之列。

贾谊一方面经营讲画，不遗余力，推进仁义礼乐，一方面以申韩之书，申发经世之志。魏徵从容议论，有过必纠，有善必达，虽礼乐之未暇，而治体盖也略尽，用纵横之学直发其遇合之机，因此他们都不是异端。

陈亮渴望时代大出人才，渴望自己的才能为世所用。这需要给人才发展创造一个宽松环境，不必以“异端”之名去排斥人才、打击人才。

至于那些蛊惑人心、蒙蔽群众的真正异端，如妖教，陈亮十分清醒地认识到它们对社会的危害，认为它们的产生源自礼法之废。当时的郡县之间，妖教之徒也常有因事而生变者，大的聚众数万，小的也有数千。以宗教之名，行造反之事的例子，历史上很多，陈亮恐宗教坐大生变，也是不无道理的。

怎样才能制止妖教兴风作浪，陈亮提出了几点主张：“诚于斯时制民之产，使主客有相依之道，贫富有相收之法，疾病有常医，死丧有常度，室庐器用有常制，吉凶嫁娶有常时，士农工商有常入，山川鬼神有常祀，道释土木之工有常禁，游手末作之夫有常役，大经一定，则妖教之变可以坐消……”

陈亮所担心的是“愚民难与虑始，君子惮于改作”，这也是个难题，提出来了，却很难找到答案，且抄孔夫子的方子吧，“务民之义，敬鬼神而远之”。

重视历史教育

陈亮一生重视历史研究，臧否历朝政治兴亡成败以及古人功过是非，特别擅长史论、史策以及战争史研究，将历史文献作为教学的重要内容。

陈亮主张学习历史文献的根本在于从中寻找改革时弊的方子。理学家们则认为学史是了解圣贤嘉言懿行，作为修身养性、独善其身的手段。朱熹著史、学史，是让读者通过读史正纲纪，定名分，懂得伦理纲常，守规蹈矩，不犯上作乱，做一个维护封建道统的“醇儒”。陈亮则以史为镜戒，考当今之得失，以兴事功之业绩。朱熹曾当着学生的面对陈亮进行讥笑与非难。“看史只如看人相打，有甚好看处？陈同父一生被史坏了。”“陈同父读书，譬如人看劫盗公案，看了，须要断得他罪，及防备禁制他，教做不得。它却不要断他罪及防备禁制他，只要理会得许多做劫盗底道理，待学他做。”朱熹是熟识陈亮学说的，这些话虽失之偏颇，却也道出陈亮欲从历史研究中寻找“兴天下”方法的努力。

陈亮出于对历史教育的独特理解和现实需求，亲手编写了一系列历史教科书和教学讲义，如《酌古论》《三国纪年》《汉论》《史传》等。陈亮与弟子们一起研习历史，希望从中获取恢复中原的智慧和力量。比如《酌古论》通过史实战例分析，考论古人用兵成败得失，“于前史间窃窥英雄之所未及，与夫既已及之而前人未能别白者，乃从而论著之。使得失较然，可以观，可以法，可以戒，大则兴王，小则临敌，皆可以酌乎此也”。

陈亮的历史研究，以两汉三国为关注的重点。《汉论》包括《七制》《高帝》《文帝》《景帝》等48篇文章，内容涉及两汉时期的人物、制度、史事等。《三国纪年》以人物为系，简述与剖析魏蜀吴成败兴衰的历史。陈亮称“汉兴九十余载，司马迁世为史官，定论述之体，为司马氏《史记》。其所存高矣，出意任情，不可法也。史氏之失其源流，自迁始焉。故自麟止以来，上下千五六百年，其变何可胜道，散诸天地之间，学者自为纷纷矣”。有感于此，作《三国纪年》，“善可为法，恶可为戒，文足以发其君子小人疑似之情，治乱兴衰之迹，使来者有稽焉”。

《史传》包括《高士传》《忠臣传》《义士传》《谋臣传》《辩士传》《英豪录》《中兴遗传》等，辑录了古今历史上众多人物的相关事迹，为士子提供学习的榜样。

陈亮还以历史上的成败得失为依据，结合现实问题，撰写了一系列策论，其内容涉及社会的方方面面。包括关于国家治理的，如《问治天下》《问古今治道治法》《问兵农分合》等；关于官吏选拔及为官之道的，如《人法》《问任官之法》《问两汉用相》等；关于学校教育与科举制度的，如《国子》《问学校之法》《问老成新进之士》等；关于农田水利、商贾财赋等的，如《度量权衡》《问农田水利》《问古今财用出入之弊》等，可谓无所不包，由此可看出陈亮史书涉猎广泛、历史知识博洽。

即使是经书，陈亮也将其视为古代文献，具有“史”的性质，重视讲明法度，考证典制，将经学教育纳入历史教育范畴。学史以“通古今之变”，明古今历史发展变化，分析历史上的治乱得失，从历史中汲取经验教训，作为治国安邦借鉴。陈亮认为学习历史可以使人“明于天下大势，而通于古今之变”。又称“古者何考，而今何以示后?所贵乎学者，以其明古今之变而已乎”。

陈亮特别关注有作为的君王和英雄人物。汉光武帝刘秀是陈亮最喜讲的，他认为“自古中兴之盛，无出于光武矣”，最打动陈亮的就是“中兴”二字。这也是陈亮所倡南宋朝廷的首要任务。光武之兴，“有一定之略，然后有一定之功”，“光武发高帝之所未能为，而中兴之功远过古人者，虽天命，抑人谋也”。陈亮详细分析了光武“取乱诛暴”之略，目的只有一个，就是早定恢复中原之略。

诸葛亮也是陈亮最喜爱的历史人物。陈亮以为“谲诈无方，术略横出，智者之能也；去诡诈而示之以大义，置术略而临之以正兵，此英雄之事，而智者之所不能为矣”。他将孔明与司马仲达进行比较，以为“仲达以奸，孔明以忠；仲达以私，孔明以公；仲达以残，孔明以仁；仲达以诈，孔明以信”。孔明以八阵图、木牛流马、屯兵渭滨为久驻之基，终胜仲达。但是老天不给他太多的时间，诸葛亮活到54岁便病故，否则必成统一大业。

陈亮以为“孔明之治蜀，王者之治也”，“孔明，伊周之徒也”。孔明持节制之师，不用权谲，不贪小利。在其殁后，仲达按行其营垒，敛衽而叹曰：“天下奇才也！”让对手都发出真情感叹，不得不服。陈亮之论，多引自陈寿。比如陈寿所言“论者或怪亮文彩不艳，而过于丁宁周至。臣愚以为咎繇大贤也，周公圣人也，考之《尚书》，咎繇之谟略而雅，周公之诰烦而悉”。陈亮“愤孔明之不幸，故备论之，使世以成败论人物者其少戒也夫”。诸葛亮为匡扶汉室，鞠躬尽瘁，死而后已。陈亮的一生也在为收复中原而奔走呼告。

陈亮认为历史可以“壮心骇目”，即鼓舞斗志，增强信心，提高辨析问题和解决问题的能力。他说：“昔司马子长周游四方，纂集旧闻，为《史记》一百三十篇。其文驰骋万变，使观者壮心骇目。顾余何人，岂能使人喜观吾文如子长哉！方将旁求广集，以备史氏之阙遗云耳。”明代学者方孝孺说：“余始读陈同甫论史诸文，见其驰骋为惊人可喜之谈，以为同甫特尚气狂生耳，未必足用也。及观其上孝宗四书，不觉慨然而叹，毛发森然上竖。呜呼！同甫岂狂者哉？盖俊杰丈夫也！”

陈亮力图通过各朝代的兴衰更替，突出当时政治斗争和国力变化，一方面研究成功者的经验和历史人物的风范，以增强读者的爱国意识和自尊精神；另一方面研究失败的教训和历史悲剧，目的在于唤起人们的忧患意识和社会责任感。叶适认为：“同甫既修皇帝王霸之学，上下二千余年，考其合散，发其秘藏，见圣贤之精微常流行于事物。儒者失其指，故不足以开物成务。其说皆今人所未讲，朱公元晦意有不与而不能夺也。”

陈亮在与朱熹讨论“三代”“汉唐”等问题时，以其博闻强识和强思辨力证明利欲与霸道并非为三代以后所专有，三代时期也有杀伐征战，也有谋乱反叛，只是被孔子美化了而已，从而批驳朱熹所持只有行义理、施王道的夏商周三代才是最完美时代的荒谬观点。

陈亮坚持历史进化论的观点，对汉唐明君的作为予以充分肯定，认为汉唐开国之君臣不仅分别推翻了秦隋的暴政，救民于水火之中，而且锐意改革，广施仁政，利国利民。

陈亮重视历史教育的主张及做法，对当时及后世都产生了重要影响。浙东学术重视史学、强调经世致用，就是对陈亮史学精神的继承与发展。

讲论百家异流

陈亮主张教学内容要丰富多彩，不唯经史，还应包括诸子百家。他理想中的学校既可谈论百家，也允许议论时政。他在《与徐彦才大谏》中说："天子设学校于行都，使之群居切磨，朝暮讲究，斥百家之异说而不以为诞，言当今之利害而不以为狂，所以养成其才而充其气也。往者朝廷举事，公论一不协，则诸生群起而献其忠，虽天子为之动容而不深罪也。"

陈亮集育人和议政为一体的学校理想，既反映了陈亮倡导学术自由、政治民主的思想主张，也是他对古代教育理论的独特贡献。比他晚五百年的黄宗羲所主张的"公其是非于学校"，或许得到陈亮"朝廷举事，学生公论"观点的启示。

陈亮不仅重视研究儒家经典，还熟读百家异流，他除了对佛学没有兴趣，学问无所不涉及，尤其是对法家、兵家、纵横家的学问研究精深，喜读经史、兵法、天文、地理、农商等著作，成为典型的杂家。在陈亮看来，只有让学生讲论百家、议论时政，才能增长见闻和才干。将他与同时代的朱熹等理学家相比，陈亮的教育思想更具现代性。陈亮曾批判理学家们以为自己所传的都是千古绝学，实际上都是耳目不张、见闻不广的浅薄见识而已。

陈亮课堂讲授中多有涉及百科知识。他反对将自然现象与人事、政事之间生搬硬套地联系，注重科学的世界观与方法论。在《问掌阴阳四时之职》中，陈亮指出“至治之时，阴阳不失其序，鸟兽草木不失其性，所以感通天地者，在君德之所致，而达诸政令者，大略犹可见也”的荒谬。理学家认为国家治理达到极致，时令变化正常有序，万物各顺其性。这是崇高的君德感应于自然，畅顺于政令的缘故。古代的君臣往往把天子的政德、人德跟天地运行之道联系在一起。君王一旦遇到大灾难，就先进行自我反省，然后下罪己诏，向天忏悔，让老天独惩罚自己，以宽恕、拯救黎民苍生。这是一种迷信，不过也是为了收买人心。陈亮认为观测天象以定历法的官职，从“三代”时就已经设立，汉唐时期也不断得到加强，现在也应“考古今之变，取其宜于时而可行，验于经而不悖者，使古道一复而来者有稽焉”。在科学问题上，要注重观察对比，注重实证研究。

陈亮对法制问题有许多独到见解。他认为“仁义”与“法制”是帝王用来维持天下秩序的两种手段。陈亮引贾谊“仁义，人主之芒刃；法制，人主之斧斤”的观点，认为仁义与法制两者须兼顾。所谓仁义，亲亲也；所谓法制，治国之大法也。陈亮拿郡县分治与中央集中管理比长短，以为当今郡县权弱之弊也明显。“今庙堂如逵路，侯王如富室，兵民无制，文武相伺，所赖以维持天下者，往往按之古而不合。”

陈亮对财税问题也颇有研究。陈亮提出“财者天下之大命也”，认为“王心一失其正，则财无定所，用无常节，而天下病矣”。

他分析了宋朝财税征收部门的变化，始为“三司二府”，神宗时财归户部，形成“户部天下之财也，内库天子之财也，南库又宰相所领之财也，以制国用之权而不能合其二以为一，顾分而为三”的局面。由于部门职权不清，导致户部之财取用与分配上的混乱，加重了郡县的压力，形成官吏对百姓的豪取强夺，致使“民生嗷嗷，而富人无五年之积，大商无巨万之藏”。国家又增加经总制钱的名目，并给郡县下达征收指标，各地只能凭空取办。郡县已空，而吃财政饭的宗子、退卒及归正、归明等日众，财税难堪重负。诸司、郡县只能靠借贷过日子，“今诸郡之所积无几，而县则所至穷空，卒有水旱，则赈救一仰于兼并之家”，最后到了卖官鬻爵的田地，致使官场日益腐败，国库尤为空虚。

陈亮对兵家之事尤有专长。他曾与学生讨论兵民一体问题，他认为古代的时候兵民是一体化的，直到汉唐盛时兵还是来源于民。到了宋代，兵民分开了。“募天下游手强悍之夫，以为兵而刺涅之，聚之京师而分之于边陲，使良民相与尽力于南亩，出赋租以衣食之”。国家征募闲人勇夫去当兵，并以身上刺青为标志，把他们聚集到京师接受训练，而后分配去守边疆。良民百姓安心投入农业生产，为国出钱养兵。普通百姓无须背乡井、离妻子，闲人勇夫也有用武之地去获取军功荣誉。贵族官僚们都认为这样做有好处，就一代代传下来，成了一条规矩、一种制度。到后来，它的弊端越来越明显了。和平时期养了很多兵，百姓的负担重。于是加倍收税，用于养兵的耗费竟占十分之九。一旦战争，将领们又觉得兵不够用，不好使。而在成周之时，“使家出兵一人，而余夫为羡卒”，当兵有定数，服役有定日，而且成年男丁都是后备役。先王采用这种制度本来是为了体恤百姓，但现在百姓的负担却加重了。他希望学生们“陈今日之所以失，依诸古而为制兵之法”。

在教学内容的选择上，陈亮总是联系现实生活与社会需求，特别是当前朝廷需要迫切解决的问题，培养学生的社会生活能力与实际才干。这是事功学派教育的出发点与归宿。

重视实用之学

陈亮从巩固政权、振兴国家、发展经济出发，重视对现实问题的考察和研究。

南宋最大的现实问题与政治理想就是开展对金斗争，恢复中原失土。陈亮一生主要为抗金立言，献计献策。他喜读兵法，研究战争理论，考察山川形势，为对金军事斗争做积极准备。在少年时代，他就“独好伯王大略，兵机利害”，提出各种改革政治主张，并建议经营荆襄地区，将它作为抗金根据地。中年以后，为了实现抗金理想，他多次亲自到京口、建业等战略要地进行实地考察，“登高四望，深识天地设险之意”，认为“京口连冈三面，而大江横陈，江傍极目千里，其势大略如虎之出穴”，在此与金人交战，宋朝完全可以掌握军事主动权。他依靠实地调查材料，说明“江南之不必忧，和议之不必守，虏人之不足畏”，投降派的理论“不足凭”。他要求学者在现实政治活动中学知识，长才干，积累实际经验，具备应变能力。

陈亮重视实用之学，提倡艺能艺事，这是事功学派区别于朱熹、陆九渊他们的重要标志之一。陈亮最反对朱熹那种“一艺一能皆以为不足以自通于圣人之道”的说法，极力主张学艺能以理百事。他指出“自道德性命之说一兴”为士者“耻言文章义行”，居官者“耻言政事书判”，而大谈“尽心知性”“学道爱人”，如此“相蒙相欺”“尽废天下之实”，其结果只能是“百事不理”，一事无成。他要求学者文武兼资，艺能精熟，既“有处事之才”，又“有料敌之智”，并于民生日用之间，一艺一能之上，亦无所不通。

陈亮反对朱、陆所提倡的静坐默想、闭门读书、涵养心性、空言道德，以达到“存天理灭人欲”的内求方法。陈亮坚持向外求索的道路，倡导教育学者树立学以致用观念，教诲学者们在实事实学上用功夫，即一切就实事上理会。对当前现实和历史上的治乱兴衰，以及典章制度都加以详细考订，务求能通古今之变，以施于实政，反复强调教育者不仅要培养学习者观察和分析社会、总结历史的能力，更要培养他们解决现实社会各种问题的能力。

农业是立国之本，陈亮重视农田水利，讨论水利、粮食的重要性。他认为“田不可以十日而无水”，“民不可以五日而无食”，建立农田水利灌溉系统、物资储备机制，才能使水旱之灾，皆有防备。自商鞅“废井田、开阡陌”之后，土地私有制实行。国君为百姓着想，不废“水旱之备”，不复“制民之产”。本朝又推行常平之法，可以让丰年有余储，灾年开仓赈济。自从井田制所建立的阡陌沟洫不复之后，虽朝廷屡兴水利，却不能让所有的田都有水灌溉。户口没有统一管理，劳动力没有统一登记，奸吏豪族从中作梗，朝廷在大灾之年发仓赈粮，也不能保证所有百姓都能吃上饭。他认为自己的学生生活在农村，应该了解实际情况，“考古验今，要使实利及民而惠足以为政”。

陈亮重视研究财富的分配问题。他在多篇文章中表达对当下国家财税入不敷出的担忧与思考。他指出“三代”以什一取民而上下足。汉唐盛时虽山泽之藏归于地方，中央财政仍很宽绰。可是现在“郡县无遗财，诸司无宽用，民无留藏，地无余实，利自一孔以上皆入于官矣，而大农犹以匮告”。“大农”者，大司农也，为朝廷财政主官。民间搜刮已尽，国库犹不足，这到底是什么造成的？怎样做到增收节支？陈亮还关注过“共富”问题。他认为执政者“不患寡，而患不均”，商周时“井田之法行，民无甚富甚贫之患”。商鞅之法坏了阡陌，从此“豪民武断乡曲”，“甚者以货自厕于士大夫之后”，成为执政者的心头大患。“抑兼并、困商贾”，成为历代政界、学界的敏感话题，却一直没有好思路、好办法。陈亮认为形成“豪民商贾”阶层，从某种意义上讲并不是坏事，至少“强宗豪族犹足以庇其乡井，而富商大贾出其所有，亦足以应朝廷仓卒之须”。汉代迁徙豪强充实关中，便是实证。陈亮觉得当时的现实是土豪家也没有余粮，平民百姓更是贫困，一旦突发水旱之灾，都没有依靠，拿什么去养活军队，应对战争。陈亮与学者讨论解决贫富不均的办法，怎样看待先富问题。

陈亮注重研究国家政策中的弊端，提出合理化建议。比如他批评朝廷在科举制度、人才选拔、官员铨选等方面的不合理、不规范，对北方归正人员的歧视政策。他总能提出一些针对性很强的建议与办法，把所学知识创造性地应用到实政中去。

陈亮认为在学习上的“格物致知”，是要在事物中考察必然之理、当然之事，“道之在天下，何物非道，千涂万辙，因事作则”。他认为离开实际事物，便无法得到实学，获得真知。“学以致用”，不仅是学习知识、掌握艺能的目的和基本途径，更是验证知识、巩固艺能的方法和基本原则。他认为人的才智运用到实际，得到了验证，才算真才智，不能只从形式上、名义上判断有无才智。

永康学派的教育立场

南宋朝廷偏安东南一隅，国之不幸，却是江南大幸。百姓生活相对富足安宁，文教事业兴盛发达。永康大地相继出现五峰、龙川等知名书院。永康学派横空出世，事功思想赫然成为浙江学术的重要支脉。历经八百多年，在中国思想史、教育史上均占一席之地的陈亮事功学说，不仅没有湮灭于时间之沙，反被磨洗得光洁透亮，愈见理论的独创性与超前性。

说起事功学说，也许有人会想到被贴上“功利化”标签的当下教育。

教育氛围功利化。政府追求教育考核指标，社会高度关注本地升入清北学生数量。各地都在集中力量办名校，大力招纳与培养名师，区域间教育愈发不均衡。

学校教育功利化。名后紧跟着利，名校、名师得到更好的资源，享受更高的待遇。荣誉、职称、考试成绩面前，教师教学压力、学生课业负担不断增加。

家庭教育功利化。家长为孩子教育问题焦虑，不仅格外关注孩子在校表现，唯恐学校、教师亏待孩子，而且将大把钞票、孩子大量课外时间花于各种培训班上。

学生学习功利化。学生为分数而学习，很少关注社会问题，忽视品德养成与艺术熏陶，缺少包括做家务在内的适度劳动。学习的唯一目的，就是为了考个好学校。北大钱理群教授认为“功利化”教育最终使人成为精致的利己主义者。

什么是功利？《现代汉语词典》解释为：“功效和利益；功名利禄。”

上述现象大概就属深陷“功效和利益”泥淖之中的教育困局。简而言之，就是教育目标的好大喜功，教育行为的虚夸浮华，教育评价的唯分数论。“功利化”教育，违背教育规律，分离知识素养，瓦解家长与教师之间的信任关系。

教育追求“功名利禄”，自隋唐开科取士以来便已有之。科举制使寒门子弟有了翻身进阶机会，胜出者虽属凤毛麟角，却让读书人尝尽过“独木桥”的苦乐滋味。白居易在《早送举人入试》诗中写道：“营营各何求，无非利与名。”相比后世，隋唐时代读书人在科举之外尚有其他追求。“初唐四杰”之一的杨炯就有“宁为百夫长，胜作一书生”的豪言壮语。李白、杜甫即便在科举上不得志，照样成为诗坛之上最耀眼的两颗明星。

两宋以后，许多读书人沉溺科场，不能自拔。即使贤能如陈亮者也不能例外，他一面痛陈科举之弊，一面又在积极备考，直到51岁中了状元。他的文章却时常提及汉唐盛世的明君贤臣，怀念那些恢宏阔大、英雄辈出的时代。

倘在“上品无寒门，下品无世族”的魏晋南北朝，豪门子弟出将入相，飞扬跋扈，醉生梦死；低阶士人难于入仕，一堆学问烂在腹中。迷茫失意者喝酒、啸傲江湖；清醒逃避如陶渊明者，则扛起锄头上山，纸上构筑桃源美梦。

社会压力是由上往下传递的。金字塔底承担全部重负，塔尖才有白云拂面，随手摘星辰的恣意生活。唯有那些处在中间地带的人，半醉半醒中夹带着强烈的挣脱欲望，他们活得最苦、最累、最“卷”。

许多人将“功利化”的教育与功利主义教育画上等号，其实这是一种误解。

功利主义是一种哲学思想，它最早由英国哲学家边沁、穆勒等人在18世纪末、19世纪初期提出。功利主义者认为人生的最终目的是追求快乐幸福，让幸福最大化。这种幸福不仅是个人的，也是政府的、社会的，在个人追求快乐与幸福时，兼顾集体利益。功利主义教育观以“最大多数人的最大幸福”为核心，其中“最大多数人”指的就是广大普通民众，而不是少数精英阶层；“最大幸福”指的是掌握那些满足人和社会发展需求的实用知识，而不是那些空洞的宗教知识和古典知识。

功利主义教育推进实用主义科学，增进实用型人才培养；强调竞争意识、效益评价；关注现实，促进教育立足现实，从实际出发；实现最大多数人的最大幸福原理，也有利于培养学生团结友爱与集体主义精神。功利主义教育评价，注重行为后果，而非行为动机，忽视作为人的成长体验与参与过程。面对竞争日趋激烈的国际、国内环境，利益至上成了许多人的信仰。

功利主义教育观以实科化和世俗化为特征。完全不同于陆九渊心学与朱熹理学的陈亮事功学派教育思想也被打上功利主义烙印。

“功利主义”一词虽未出现在中国古代任何一部典籍中，但关于“功利”的讨论从未间断。孔子说“富与贵，是人之所欲也”“贫与贱，是人之所恶也”。孟子认为“民无恒产，则无恒心”，让“老者衣帛食肉，黎民不饥不寒”，满足“民之所需”便是“王道”之始。荀子认为欲望是人的自然本能，强调“饥而欲食，寒而欲暖，劳而欲息，好利而恶害，是人之所生而有也，是无待而然者也，是禹、桀之所同也”。

陈亮积极倡导事功学说，明确强调利益与仁义并举，“存天理、灭人欲”有悖于人性，不科学、不合理。事功学说使实用功利主义思想在中国得到一定程度的贯彻与发展，重新调整传统儒家思想内容，对促进华夏民族思维、振兴儒家思想有着正面积极效果。

“事功”是什么?《周礼注疏》“司勋”条：“事功曰劳，以劳定国，若禹。”“事功”就是要像大禹一样靠勤奋劳作来施行国政，以达“功成、事济”。

陈亮事功思想在与朱熹辩论中充分展示于世人面前，轰动一时。朱熹出于对讲学地盘被抢的担忧与恐惧，哪怕在陈亮死后，都当着学生之面，发表许多攻击陈亮学说的言论，白纸黑字地留在《朱子语类》中。

陈亮事功思想的核心是什么?朱熹认为是“王霸并用，义利双行”，陈傅良说是“功到成处，便是有德；事到济处，便是有理”。这两者也深得后人认同。

陈亮一生主要从事读书、讲学。他反对只注重文法的理学教育，主张“功利”，主张“实事求功”。他的教材与教学风格突出表现为实学、实用，强调从历史发展实迹中寻找解决现实问题的措施、办法。他认为学生的聪明才智只有在现实事务中才能得到识别与提高，要求学生学艺能，举事功，注重锻炼，注重社会实践与生产劳动。永康学派基于教育的现实需求与目标指向，坚守事功立场。

一是教育需立足现实，服务国家。陈亮以为当时最大的现实，就是对金斗争，收复中原失地，完成国家统一大业。陈亮为此大声疾呼、积极作为。他通过教材编写、经义讲授、策论指导等教学活动，促进学生正视现实，开拓视野，锻炼思维，形成解决实际问题的能力。无论高宗还是孝宗，对收复失地都没有太大兴趣，特别是高宗反而是金兵入侵、靖康之难的直接受益者。陈亮成为一个与君王、权臣想法格格不入的空怀梦想的民族主义者。

二是教育要发展个性，完善人格。陈亮从孔孟那里得到启示，对“学为成人”做出新解，提出“成人”的初阶目标是成为有思想、有能力、有担当的人，高阶目标是成为开创社会新局面、引领时代发展的“英雄”。他的课堂教学内容与实践活动，积极促进学生发展个性，完善人格，成为时代所需的“英雄”。这种育人主张，为信奉心性之学、闭眼享太平的官宦、士人所排斥，使陈亮被视为持“异端”之见的功利主义者。

事功学教育思想深植于以人为本的儒家文化，体现人在“三才”（天、地、人）中的特殊作用，突出人的能动作用与创造精神；直面社会问题（如国家中兴、军事斗争、经济发展），增强学生解决现实问题的能力。事功，也就是教人会做事、能做事、做成事，促进自身与国家的发展。

事功学派最接地气，在与朱熹的辩论中，陈亮的观点迅速为浙东士人、俗众所接受与传播，也为鼓吹“存天理，灭人欲”的理学家所深恶痛绝。陈亮希望从历代明君、贤臣、良将的生动事例中，获得启迪与力量，为时代呼唤英雄、塑造英雄。

事功学说是现实主义与理想主义结合的产物，既贴地而行，又直指长空，激发人们脚踏实地，不断追求指向未来的快乐、幸福。每当风云变幻之际，人们往往就会想起陈亮的事功思想。

学以致用的教育价值观

陈亮深刻认识到教育对巩固统治、维系国运的重要意义，他向孝宗所提的“变通三策”，其中之一就是重视教育和人才培养。陈亮认为只有对教育、用人、科举等制度进行全面改革，才能使士人“成其才而充其气”，朝廷得以“任贤使能”，“尽收天下之人材，长短小大，各见诸用”，方能重振国势，完成中兴恢复大业。他说：“自汉以来，其间治乱不常，往往以学校为国之先务，未尝有得一日之安而不从事焉。”历史证明，国家要兴盛，人才有足用，就必须发展教育。

陈亮提出“天下之学贵乎正”的观点，认为从事教学的人必须端正教学态度。“苟有用心之地，则凡天下之学皆可因之以资吾之陟降上下焉。”他建议朝廷要“正人心以立国本”，在教学上要“厚天下学者之心术”。端正的教学“心术”就是要坚持“学以致用”的目的，抛弃读书是为了应付考试的观念，回归正常的人生价值观，“用专力”“尽吾心”去实现教学目标。

陈亮的教育思想受其哲学和政治思想制约，他在政治上重视开物成务，主张以实学育事功人才，使受教育者能学以致用，做出一番有利于国计民生的事业。注重培养学生的实际政治素养，要求他们全力以赴积实学，讲实用，重耳目之实。并且与时俱进，适应变化，灵活应用，毕生注重学习探索。

陈亮坚持认为人才“要以适用为主耳”，教育要培养适用于当时社会的实干型人才，充分体现了其学以致用的教育价值观。他反对朱、陆所提倡的静坐默想、闭门读书、涵养心性、空言道德，以达到“存天理灭人欲”的内求方法，坚持向外求索的道路，教诲学生要在实事、实学上下功夫。要求一切在实事上理会，对当前现实和历史上的治乱兴衰，以及典章制度都加以详细考订，务求能通古今之变，以施于实政。陈亮认为古人讲“格物致知”就是要在事物中考察必然之理、当然之事，“道之在天下，何物非道，千涂万辙，因事作则”，认为离开实际事物，便无法得到实学，获得真知。同时，要把所学知识用到实际中去。只有将人的才智运用到实际，得到验证，才算真才智，不能只从形式上、名义上判断有无才智。

陈亮坚持在学习上要学思结合、知行合一。他认为内求方法太过安静，难以成就圣贤。他说：“人生而静，动则有迁……奉以周旋。”人必须动起来，让思维器官“心”活动起来，带动耳、目、鼻、口等感知器官不断地摄取材料。学习者通过耳听、眼看、口问、鼻嗅，发挥感知作用，活跃思维活动，将感性认识上升为理性认识。陈亮强调“动静必偕”，认为学习者在获取知识、养成道德的过程中，都是动中有静，静中有动，动静结合，动静必偕，如果只有感知而没有思维，人不会进步，就会形如槁木，心同死灰。“风不动则不入，蛇不动则不行，龙不动则不能变化。今之君子欲以安坐感动者，是真腐儒之谈也。”陈亮要求以动而立动，以动识变，才能求得真学问。

陈亮要求学生主动学习、求实问道，将所学联系实际进行考虑。陈亮针对理学教育家所认为的人有圣凡之分，圣人是先知先觉者，不需要后天学习的错误观点，提出人的德才不是天赋的，而是后天学习和磨炼的结果。他以金银铜铁经过冶炼和锻造成为美器为喻，说明一个人必须经过千锤百炼，才能成为有用之才。他说：“人只是这个人，气只是这个气，才只是这个才。譬之金银铜铁只是金银铜铁，炼有多少则器有精粗，岂其于本质之外，换出一般，以为绝世之美器哉！”陈亮这种追求人格和业务成就的磨炼，同朱、陆的闭目静坐，只在静、敬上下功夫，性质完全不同。

陈亮在给学生们讲《论语》时，提出要由“下学”而“上达”，开始“汲于下学”，把具体的东西搞清楚，然后才能有“他日之上达”，完全掌握“大旨”。他说：“英伟之士……其平居暇日，规模术略，定于胸中者久矣，一旦遇事而发之，如坐千仞而转圆石。其勇决之势，殆有不可御者，故其用力也易，而其收功也大。”平时学习贵在积累，故能在应用时喷薄而发。

质疑与创新的教育方法

陈亮具有强烈的批判意识，敢于突破正统思想的藩篱。他从当时的社会实际出发，大胆抨击科举制度，分析应试教育的种种弊端，批判在人才培养与使用上的狭隘性与片面性，主张不拘一格使用人才。特别是对当时流行的理学、心学教育理论提出质疑，把被认为是神圣不可侵犯的儒家经典看作是为后人提供直面生活经验的历史文献。将“敢于质疑，勇于创新”的学术风格运用到教学活动中，认为“尽信书，不如无书”。他鼓励学生抱怀疑态度去读书，增强分析判断能力，但对没有任何理论根据哗众取宠，以“非议前辈”为荣的做法是极力反对的。

在教学中充分鼓励师生对话与讨论，陈亮主张在教学过程中师生要抱着谦虚的态度，互相讨论，共同勉励。所谓“君子之道，不以其所已能者为足，而尝以其未能者为歉。一日课一日之功，月异而岁不同，孜孜矻矻，死而后已”。鼓励“凡尔君子，相与勉旃”。他批评那些不尊重别人、狂妄自大的人，“后生小子，读书未成句读，执笔未免手颤者，已能拾其遗说，高自誉道，非议前辈，以为不足学矣。

世之为高者，得其机而乘之，以圣人之道为尽在我，以天下之事无所不能，能麾其后生以自为高而本无有者，使惟己之向，而后欲尽天下之说一取而教之，顽然以人师自命。……吾深惑夫治世之安有此事乎，而终惧其流之未易禁也”。

陈亮在治学过程中，非常重视师友间的学习、讨论，虚心请教，相互辩论。他常与吕祖谦、陈傅良、张栻等“相与上下其论”，与朱熹更是进行持续数年的学术辩论。陈亮说自己与陈傅良辩论时，往往摔杯子、拍桌子，响动很大。蔡幼学在旁边默默无声，等客人散尽，忽然对陈亮说：“道只有一个，什么是皇帝王霸？”陈亮几次辩论，蔡幼学则是横启纵阖，援古证今，抵夜接日，口若悬河，陈亮自觉辩他不过。从这段话中可以看出事功学派学者在学术上既坚持己见，又互相吸收的治学态度。陈亮平时给学生上课，经常采用讨论法，他的讲稿中屡见“试与诸君共之”“愿与诸君商榷”“与诸君参考同异”“与诸君共学”等语句。

陈亮勇于为“异端”辩护，敢于“叛逆”。他曾自称“口诵墨翟之言，身从杨朱之道，外有子贡之形，内居原宪之实”。这些人物一向被儒家正统学者视为“异端”。陈亮认为“异端”之学自有其“脱颖独见之地”。他坚持真理、不畏权威，同当时的所谓权威展开争辩。据《宋元学案》记载：“当乾道淳熙间，朱、张、吕、陆皆谈性命而辟功利。学者各守其师说，截然不可犯。陈同甫崛起其旁，独以为不然。”特别是朱熹，当时声望最高，可谓“齿牙所至，嘘枯吹生，天下之学士大夫贤不肖，往往系其意之所向背，虽心诚不乐，而亦阳相应和”，只有陈亮不与之苟同，不愿折服。陈亮宣示：“司马迁有言，贫贱未易居，下流多谤议……亮之生于斯世也，如木出于嵌岩嵚崎之间，奇蹇艰涩，盖未易以常理论，而人力又从掩盖磨灭之。”

陈亮主张做学问要有创见，不能人云亦云。他曾斥责孔门弟子循规蹈矩的不良学风，指出子夏之儒是死守先民之说，不敢越雷池一步。他反对朱熹要求学者把古代圣贤的言语变成自己的思想，一切听命于古人的做法。陈亮不怕别人说自己粗豪狂怪，敢于坚持自己的独创见解。叶适曾指出，陈亮不怕修皇帝王霸之学，“其说皆今人所未进”。说明陈亮的皇帝王霸学说是在前人基础上的突破与创新，有着自己的思想观点。

陈亮主张学习应该是一个人的终生追求，教育者应该根据人生的不同发展阶段，有重点地分类实施教育。陈亮把人生分为童年、青壮年和老年三个阶段，各阶段的教学重点依次为“记诵”“学识”和“德业”。用他自己的话说就是：“童子以记诵为能，少壮以学识为本，老成以德业为重。”陈亮已经认识到人的生理和心理特点与教育的关系极为密切。童年时代，人生小幼，单纯专注，记忆和模仿能力强，所以强调“以记诵为能”；青壮年时代，精力充沛，初涉社会和人生，对什么都感兴趣，“则所该愈广，所求愈众”，因而应该博学而广识；老年时代，人生阅历丰富，“穷天地之运，极古今之变”，是人生道德和学业的集大成时期。

以陈亮为代表的“永康之学”素以治学严谨、一丝不苟著称于世。陈亮主张刻苦自学，独立钻研，下一番持久的功夫。他为探究皇帝霸王之学，曾“十年壁水，一几明窗”。陈亮主张为学必须勤奋专一。他说：“士之于学，农之于田，朝斯夕斯……不虔不力，误我丰年。工贵其久，业贵其专。”认为士子求学与农夫经营田地一样，只有朝夕勤奋，坚持不懈，精诚专一，才能获得丰收，学业大进。

陈亮论作文法

陈亮“议论风生，下笔数千言立就”，存世作品不仅数量多，而且题材丰富，佳作迭出，尤擅议论性散文写作。

他在作文指导方面也有独到的做法。首先在阅读指导上下了不少功夫，强调师生共读、共学。编印“六经”教程，编写《经书发题》，启发学生学习思考。他不像当时许多经学家那样空谈经义，而是反复强调“夫盈宇宙者无非物，日用之间无非事”，道“平施于日用之间”，“用明于内，汲汲于下学，而求其心之所同然者。功深力到，则他日之上达，无非今日之下学也”。陈亮编印《欧阳文粹》等前人的散文作品，从欧阳修、“三苏”等名家那儿汲取营养，用以改变当下萎靡不振的文风。在具体指导学生写作的实践中，陈亮谈古论今，针对实际问题，开展立论角度、材料运用等方面的讨论，提高学生分析问题、解决问题的能力。在作文法上，陈亮有专门论述。

一是注重文章语言的创新。在《作文之法》一文中，陈亮认为写文章一定要说自己的话，直接引用经、史书中的句子尽量要少。尽可能不用古人的句子，用古人的意思即可。用古人的词，而不引用整个句子，这样能出新意。写文章讲究使用事例，而不是被事例所使。要学会“使他事来影带出题意，非直使本事”，“若夫布置开合，首尾该贯，曲折关键，意思常新，若方若圆，若长若短，断自有成摹，不可随他规矩尺寸走也。苟自得作文三昧，又非常法所能尽也”。

陈亮在《与朱元晦秘书·又乙巳春书之二》中说：“许作《抱膝吟》，须如前书得两篇可长讽咏者为佳，不必论到孔明抱膝长啸。各家园池，自有各家景致，但要得语言气味深长耳。”他认为议论也不可人云亦云，泛泛而论；写景应写出“各家景致”，且要意味深长。

在《书欧阳文粹后》中陈亮评价欧阳修的文章，同样认为好文章在语言上应该“气味深长”。“虽然，公之文雍容典雅，纡余宽平，反覆以达其意，无复毫发之遗；而其味常深长于言意之外，使人读之蔼然足以得祖宗致治之盛。其关世教，岂不大哉！”陈亮认为文章语言不仅要营造意境，追求“象外之象”，更要让人从中悟道，参出微言大义，在领悟先哲与圣贤的胸襟气象中获得满足感。

二是注重文章的意与理胜。在《书作论法后》中，陈亮讲到“理得而辞顺，文章自然出群拔萃”。写文章不在于觅得好词佳句，而是要追求意理。“意与理胜”，“文字自然超众”。“故大手之文，不为诡异之体而自然宏富，不为险怪之辞而自然典丽，奇寓于纯粹之中，巧藏于和易之内。不善学文者，不求高于理与意，而务求于文采辞句之间，则亦陋矣。”

陈亮认为作论先要立意高远，要有鲜明而又符合圣人之道的观点。这样的文章自然宏富典丽，也就出类拔萃。如果文章缺乏立意，语言、辞藻越是华丽优美，文章反而更显得鄙陋。

在《复吴叔异书》中陈亮同样提及这样的观点：“亮闻古人之

于文也，犹其为仕也。仕将以行其道也，文将以载其道也。道不在我，则虽仕何为？虽有文，当与利口者争长耳。韩退之《原道》无愧于孟荀，而终不免以文为本，故程氏以为'道学'，况其止于驰骋语言者。"陈亮认为古人写文章就像出来做官，不为千钟之禄，也不为荣华富贵，而是为了行道。同样，文章也是用来载道的。如果只有华丽的文采，而没有充实的内容，这样的文章写它有什么用？

三是注重策论写作的格调。策论是科举考试的重要内容，当时的教育主要是为科举服务的。陈亮不仅自己策论写得好，还善于对学生进行写作指导。他在《变文格》一文中，揭示了宋代文风演变的过程，提出"古人重变法，而尤重于变文，则必有深意"的见解。他认为五代时的文章之弊最盛，呈"卑陋萎弱"之势，到了宋初才现"恢廓磊落"之气，却疏于文墨。科举之文听任考生自己发挥，以一时之尺度而录取，没有形成本朝的格调。直到欧阳修、尹师鲁倡导古文运动，学者文风才发生改变。在太学教育中，胡翼之等讲经术，李泰伯、梅尧臣重视"文墨议论"，读书人开始得到规范教育，太学也发展到了鼎盛时期。后来学校有了课试之法，规定了月书、季考制度，"变其体而不变其格，出入乎文史而不本之经术"。司马光之后，读书人又皆"肤浅于经而烂熟于文"。"中兴以来，参以诗赋经术，以涵养天下之士气，又立太学以耸动四方之观听，故士之有文章者、德行者、深于经理者、明于古今者，莫不各得以自奋，盖亦可谓盛矣。"却也难免有心志纵弛、议论浮浅之弊。陈亮认为作好策论，既要深研经术，又要讲求文辞，议论步步深入，为表达主题服务。

陈亮的《题喻季直文编》也可以看作是一篇文论，他称颂"乌伤四君子"的文章。喻叔奇"其为文精深简雅，读之愈久而意若新”，何茂恭“其文奇壮精致，反覆开阖，而卒能自阐其意者”，陈德先“其文清新劲丽，要不可少”，喻季直“其文蔚茂驰骋，盖将包罗众体，而一字不苟，读之亹亹而无厌”。“精深简雅”“奇壮精致”“清新劲丽”“蔚茂驰骋”等都是很高的评价，也包含着陈亮的文学审美情趣。

事功教育思想的影响与当代意义

陈亮开创了著名的永康学派，与当时的金华学派、永嘉学派鼎足而立，极力倡导事功之学。他的事功教育思想可以说是中国思想史上的一朵奇葩，在中国教育思想史上也占有一席之地。

比如王炳照、阎国华主编的《中国教育思想通史》（湖南教育出版社，1994年6月第1版）以“陈亮、叶适及事功学派的教育思想”设章，以“陈亮的教育思想”为节，讨论了“教育思想的理论基础”“教人‘做人’的教育目的”“实理实学的教育内容”“教育方法与学风”等问题，并设“事功学派与朱陆学派教育思想的分歧”专论。

苗春德、赵国权著的《南宋教育史》（上海古籍出版社，2008年10月第1版）在“南宋的爱国教育家及其教育思想”一章中，列了朱熹、张栻、吕祖谦、陆九渊、陈亮、叶适等六位教育家，认为陈亮是南宋时期有影响力的教育家之一。

在同时代的教育家中，除陆九渊外，陈亮与吕祖谦亦师亦友，与叶适相互友善，与张栻也有交往，与朱熹既是朋友也是论敌。陈亮的学术观点在这个学术巨星迭出的时代独树一帜，以其咄咄逼人的气势直斥拾人牙慧大谈性命者为尘埃。朱熹在论辩中，对事功学感到万般恐惧并极力排斥。朱熹认为“海内学术之弊，不过两说：江西顿悟，永康事功。若不极力争辨，此道无由得明”。他觉得功利之说危害尤大：“江西之学只是禅，浙学却专是功利。禅学后来学者摸索一上，无可摸索，自会转去；若功利，则学者习之，便可见效，此意甚可忧。”

明代李贽认为陈亮不畏权势，敢于批判，敢于坚持独立见解的精神难能可贵。他曾高度评价：“异哉！堂堂朱夫子，反以章句绳亮，粗豪目亮。悲夫！士惟患不粗豪耳，有粗有豪，而后其精细出矣，不然，皆假矣。”

陈亮的事功思想，直接开启明末清初乃至近代的经世致用思潮。在时代风云变幻之际，学者们寻找救世之法，将目光转向功利之学，主张经世致用。比如黄宗羲潜心天文历算，顾炎武精通军事地理，他们注重实践实学实功，这与陈亮重实利、重实效的事功思想一脉相承。

黄百家认为“永嘉之学，薛、郑俱出自程子。是时陈同甫亮又崛兴于永康，无所承接。然其为学，俱以读书经济为事，嗤黜空疏、随人牙后谈性命者，以为灰埃。亦遂为世所忌，以为此近于功利，俱目之为浙学”。

明末清初思想家、教育家颜元历经亡国之痛，深切体察理学与心学的积弊之害，是性命之学最为彻底的反对者，视陈亮为“大圣贤”。他对程、朱、陆、王等深有不满，极力倡导实文、实行、实体、实用、实绩之学，纠正宋学的虚理、浮文、空言，发誓要做翻转乾坤的“转世”之人，展现儒者胸怀天下的责任与担当。

被梁启超称为清初浙东王学殿军的邵廷采，他的许多观点颇得陈亮真传。邵廷采致力于史，不以文献考订、博闻多识为目标，而以经学为根底，力求会通经史，归于经世。他认为《尚书》《春秋》是“经而史”，本质上更近于“史”。他在《学校论》中强调学校不仅是人才养成之所，更是天下公理所出的地方。有人评价邵为“上窥下逮，自封建、学校、农屯、军政、天官、舆图无所不读，而独不杂于神仙、浮图、虫鱼、小说，其他则皆发为文章”，他的阅读与陈亮之所读，课堂所讲论也颇为接近。

陈亮在长期的教育实践和理论探索中，所提出的一系列关于教育和教学的理论、观点，形成了具有朴素唯物主义色彩的较为系统的教育思想，在中国古代教育思想史上具有积极的进步意义。他对当时盛行的理学教育、官方学校教育以及科举取士制度等进行过大胆批判，对“六经”中经世致用的教育思想进行过深入发掘，具有相当的理论深度。

当然，作为中国古代的教育学者，陈亮的教育思想、理念还没有完全形成体系，有些观点是针对当时教育现状有感而发的，有些内容偏激。但他在教学实践中所倡导的学以致用的教育主张，坚持实用的教学内容、富有成效的教学方法、严谨的治学态度以及勇于批判的学风，不仅对我国封建社会的实学教育产生了积极影响，而且对当前教育也有一定的借鉴意义。

着力解决现实问题，突破教育发展瓶颈。十年树木，百年树人。教育大计，育人为本。事功学派最讲实理实学，陈亮着眼现实问题，注重调查研究。农业种植，人误地一季；教书育人，人误人一生。培养人的事业任何时候都马虎不得，耽搁不得。教育一旦发展滞后，就会影响人才脱颖而出，社会经济发展就会困滞不前。

永康自宋代以来就有重视文教事业的优良传统。改革开放以来，永康教育也曾创造过辉煌，也曾沦落于低谷。这几年，永康教育事业持续发展，办学条件明显改善，城乡教育日趋均衡，但教育发展短板依然存在，各类教育发展需要更加协调，教育资源配置需要更加合理，城乡办学条件需要进一步改善，教育教学质量仍有较大提升空间。这就需要发扬永康学派事功精神，静心研究教育发展规律，总结历史经验教训，正视现实问题，踏踏实实、勤奋工作，达到教育现代化“功成、事济”的目标。

构建现代化的办学理念与教育理想。教育现代化关键是人的现代化。教育者需要有先进理念、现代思维，具有放眼世界、开放包容的宽阔胸怀，需要对现有学校文化进行重新审视与梳理，构建具有文化气场与现代气质的办学理念与教育理想。

永康学派敢于批判，勇于创新，在教育观念与具体运用上独出心裁，别具一格。永康中学“道德、文章、事功”的校训，永康一中“厚德穷理，经世致用”的办学理念，桥下小学“立德树人，学为成人”的办学宗旨，无不体现着中华传统文化精粹与现代先进教育理念的紧密结合，体现着道统坚守与文化自信，形成独特的教育品牌魅力。桥下小学将办学理念落实在环境布置、主题活动、特色课程、课题研究之中，凸显事功思想传承，办学实践中也取得诸多成效。也有一些学校缺乏对未来发展的布局谋篇，疏于对学校文化的挖掘、打造。办学理念雷同化、概念化，既无特色个性，也未落地生根，没有体现文化先进性、地域性特征。

构建系统有效的现代学校治理体系。办好一所学校，既要有强有力的领导，又要促进管理机制体制现代化，形成适应特色发展的内部治理结构。坚持制度管理与人文关怀相结合的管理体系，打造一支素质过硬、热爱学生的优秀教师队伍。永康学派事功思想，内容极其丰富，既重视法治，讲求制度建设；也讲人文，注重人的能动作用。学校通过制度落实、环境外显、精神内化、活动展现等举措，将永康学派教育思想渗透到工作中去，分清主次、轻重，让事功思想增添教育力量，彰显学校魅力，助推师生成长。

阅读陈亮文章，是感悟其教育思想的首要途径。比如人们所熟悉的“堂堂之阵，正正之旗”一语，出自陈亮写给朱熹的《又甲辰答书》：“研穷义理之精微，辨析古今之同异，原心于秒忽，较礼于分寸，以积累为功，以涵养为正，睟面盎背，则亮于诸儒诚有愧焉。至于堂堂之阵，正正之旗，风雨云雷交发而并至，龙蛇虎豹变见而出没，推倒一世之智勇，开拓万古之心胸，如世俗所谓粗块大脔，饱有余而文不足者，自谓差有一日之长。”如从学校治理的角度去理解，它所强调的是学校组织架构严整、队伍建设协调、理念引领鲜明等具体内容。

构建指向学生核心素养的课程体系。陈亮注重学生身心健康与全面发展，关注学生差异性和个性化发展要求。他结合孔子对成人“知、仁、勇、艺”的论述，突出“行”的实践意义，丰富完善“学为成人”内涵。我们以“知、仁、勇、艺、行”对应五育要求，构建全面育人体系，进而构建质量高且目标清晰的课程体系。

陈亮重视历史教育、实科教育、素质教育，主张学校教育要有丰富的课程内容，促进学生全面发展。2015年，永康中学推进课程改革，从校训“道德、文章、事功”的源头——古代读书人“立德、立言、立功”“三不朽”事中获得灵感，将课程顶层设计为与新时代学生发展核心素养相契合的“三立课程”。经过多年课堂实践、理论打造，内容不断得到充实、丰富、完善，进而归纳为“三立教育”特色思想。

永康学派教育思想是历史留给当代的宝贵财富、巨大富矿。学好用好，充分挖掘其中先进性、现代性的内容，为全面振兴教育事业增砖添瓦。

陈亮文化进校园的路径

永康中学校歌叫《复兴大中华，创造新永康》，诞生于硝烟弥漫的抗战时期。

那是1937年，战争的恐慌已经传递到了永康这座江南小城。曾于1912年首任校长的胡侯锡临危受命，接过再任永中校长的重任。此时，部分国土已经沦陷，一些大学、中学停课解散，教师们四散逃难。日寇的铁蹄尚未践踏丽州大地。

1938年，浙江省国民政府搬迁到永康方岩的寿山坑办公。暂时还算安宁的永康，接纳了许多来自大城市的达官贵人、知识分子。胡侯锡在难胞中招揽一批品德高尚、学识渊博的知识分子来校任教。其中就有曾留学日本的金华人王一心。因为精通日语，日本人多次找他，让他替他们干事。不愿做卖国贼的他毅然从繁华的城市出走，来到小县城做起了语文教师。他不仅文章写得好，诗词曲赋样样拿手。胡侯锡的小儿子胡季棠在永中教音乐。他精通填词作曲、编导话剧。他俩联袂编新歌、新剧，组织学生走上街头田头，宣传抗日思想。

胡侯锡的二儿子胡再棠在九一八事变之后，目睹日军暴行，毅然投笔从戎，改名胡建，加入陆军58师任士官。他深得俞济时赏识，被送往黄埔军校深造，后来回到58师先后任少尉排长、中尉机枪连连长。在“八一三”淞沪会战中，受命掩护大军撤退，激烈的巷战中，他不幸被击中头部，英勇捐躯，年仅二十六岁。1937年12月，永康县国民政府在城内城隍庙召开各界追悼抗战烈士大会。会场内外挤满自发前来痛悼的千余群众。陆军58师来人追赠胡建为抗日烈士、陆军上尉。会场群情激愤，口号迭起，胡侯锡夫妇泣不成声。胡建的小弟胡季棠难抑悲愤之情，便与王一心一人作曲、一人作词，谱写了一首新歌。

这首叫《复兴大中华，创造新永康》的歌曲就在学生中传唱开来，伴随学生经历了艰苦卓绝的抗战岁月。后来，《复兴大中华，创造新永康》顺理成章地成了永中校歌。这首曾经鼓舞永中师生及广大人民爱国热情与抗战斗志的歌曲，有着深厚的陈亮文化印记。

2002年，永中校庆九十周年之际，一群老校友凭着记忆将这首被封存了几十年的老校歌词谱默了出来：“白云山高，华溪水长，金华文献旧文邦。道德、文章、事功，三大担，担担待担当。堂堂之阵，正正之旗，民族英雄资景仰。勖哉多士，继往开来，复兴大中华，创造新永康。”

其中“道德、文章、事功”脱胎于《左传》所言“立德、立言、立功”之读书人三件不朽事，形象化地将“三立”变成等待学子们担当的三副担子，其中“事功”突出陈亮学派的特征。“堂堂之阵，正正之旗”语出陈亮写给朱熹的信件“至于堂堂之阵，正正之旗，风雨云雷交发而并至，龙蛇虎豹变见而出没，推倒一世之智勇，开拓万古之心胸……自谓差有一日之长。”陈亮袒露心胸，超拔豪迈。歌词将陈亮等英雄豪杰当作景仰对象，号召大家要为国家、民族存亡而抗争。

每每外族入侵，时局动荡之际，人们总会想起陈亮，正像明清之际的思想家、教育家黄宗羲、颜元，清末民初的思想家、教育家梁启超他们所作所为的一样。

今天重提陈亮，是为了充分挖掘陈亮作为历史文化名人资源，将其融合到学校立德树人工作中去，我们要注意几个问题。

一要进行文化转化。要挖掘与研究陈亮教育思想，将其中具有现代性、先进性的东西融合进学校办学理念、“一训三风”等学校文化中去，再将学校文化转化为教师文化、学生文化、课程文化、活动文化等。2009年之后，永康中学在这方面做了极大努力。学校先从校歌的歌词中提取“道德、文章、事功”作为校训，成为学校的核心理念，展开课题研究，以此为基础构建学校文化系统，丰富学校精神文化、制度文化和物质文化内容，构建了“三立课程”体系，亮出“三立教育”品牌。

二要找到切合点。因校制宜，根据实际，找到文化融合的方向与落脚点。明珠中学在高中选修课程中开设陈亮诗词鉴赏专题，编写校本教材，开展教学实践，提升学生爱国主义情感与诗词鉴赏水平。龙山镇中心幼儿园以“宋韵浸染，体验成长”为思路，传承陈亮文化，让孩子们在活动中感受传统文化之美，激发创造之力，守牢中华民族的“根”，留住新时代的乡愁。开展“温礼俗，品宋韵”活动，家长与老师为给孩子点朱砂红、系五色线，开展“蹴鞠”游戏，体验投壶、插花、蓝晒、活字印刷等宋韵活动。陈亮一生喜欢梅花，留下许多梅花诗。幼儿园以“梅花”为主题，让孩子们在古风音乐中赏梅、吟梅，制作、品尝梅花糕。在新园舍规划之初，便将陈亮文化融合到环境设计中，在建筑风格与命名上精心策划，渗透陈亮教育理念与文化元素。

三要体现学生立场。促进学生健康成长是学校一切工作的出发点和落脚点，陈亮文化进校园要以亲近吸引学生、滋养学生心灵为目标，不能只为图热闹而搞应景式活动。比如可以在职技校倡导“工贵其久，业贵其专”的工匠精神，注重学习习惯养成，推进职业技能的养成与素质提升。针对学生实际情况，采取适当的教材教法，有所侧重，有所留意，推进施教。课堂内外相结合，多途径提升学生解决问题的能力。

四要与时俱进。作为历史产物的陈亮文化也有其局限性。在传承陈亮文化中，要结合时代发展要求，坚持与时俱进，赋予其新的内涵。比如陈亮是状元，是科举教育的产物，在推进素质教育的今天，我们不以分数论英雄，不宣传高考、中考“状元”。我们要提取全面发展、岗位成才、奋勇争先、永立潮头等“状元”精神，弘扬光大。桥下小学地处卧龙山下的陈亮故里，学校以“推陈出新、点亮心灵”为口号，与时俱进地做亮陈亮文化。“亮”在环境，校园建设与环境创设融合陈亮元素，营造陈亮文化空间，开拓陈亮农商劳动实践园；“亮”在育人，结合陈亮“义利并举”思想，大力弘扬社会主义核心价值观，以培养学生正确的“义利观”为重点，打造特色德育品牌，构建特色彰显的学校育人模式；“亮”在课程，以“学为成人”为理念，整合陈亮故里丰富的文化资源，构建陈亮主题课程群；“亮”在特色，以“学以致用，知行合一”为办学理念，以“立德树人，学为成人”为办学宗旨，以“做实事，讲实学”为校训，凸显对陈亮精神的传承与发展。

发挥陈亮的名人效应，可以做很多文章。龙川公园经过改造提升，资源更加丰富，成为师生们知陈亮、悟教育的研学基地。龙川学校则可以在陈亮文化资源的利用上做深层次的挖掘。

人世间的“状元”情结

陈亮身上为俗世所注目的标签理当是“状元”。“状元”是皇帝的奖赏，是读书人所获得的最高荣誉。中国古代民间传说与戏曲中，我们不断看到穷书生高中状元从而改变命运的故事。

永康本地人认识陈亮，大多也从民间传说的“陈状元”开始。比如《陈状元与缙云进士》说皇帝同时召见陈亮与缙云的一位进士。他先问缙云进士当地有什么景观，缙云进士说有仙都石笋高耸入云端。皇帝问怎么测它的高度，缙云进士被问住了。陈亮将手掌由竖到横，提醒他测日影。轮到陈亮夸家乡景致，他说永康有“十里花园，廿里花街”。皇帝动了前来观景之心。陈亮又怕地方接待扰民伤民，赶紧说路途艰险，“三十里坑沉（陈）到底”。皇帝一惊一乍，打消了去永康的念头。

这种故事画面感十足，听众往往会折服于陈亮的才学与语言技巧。当然，此类故事纯属子虚乌有。虚构生动离奇的情节，只是故事讲述者炫耀其聪明才智以及口才的一种方式，是一种艺术表达，而不是真实。

不仅是来自民间的故事叙述者，一些无聊文人也编造离奇故事博人眼球。比如赵溍《养疴漫笔》中说陈亮到铅山初次拜见辛弃疾，快到辛府门前，遇一座小桥，三次想跃马过去，马三次退却。陈亮“怒拔剑挥马首，推马仆地，徒步而进”。辛弃疾正好倚楼望见，大为惊异。让人去问，陈亮已经进门，两人遂成至交。两人相见恨晚，酒酣之际，辛弃疾说了许多出格话。夜间，陈亮猜想他酒醒悔悟之后，必会杀他灭口，赶紧窃马连夜逃走。日后又写信向辛讹诈十万缗钱，用于改善生活。

元代方回在《桐江集·读陈同甫文集跋三》中说51岁的陈亮在考中状元之后，看上箍桶匠之女，为了得手，就故意以做方形木桶刁难箍桶匠。面对这个完不成的任务，箍桶匠被激怒了，遂以桶刀杀死陈亮。

至于说陈亮因得不到妓女严蕊，而对台州知府唐仲友怀恨在心，假借朱熹之手，严刑拷打严蕊，逼她构陷唐之类，更为文人笔记、小说所肆意传播。这些事情经邓广铭等人考证，均属无稽之谈。

中国社会有一个很深的“状元”情结。每年各地的高考、中考“状元”花落谁家，依然是人们高度关注的一个热点，也是“好学校”的一个重要指标。在成绩揭晓之时，难免被炒作一把。

自然界是个筛子，物竞天择，适者生存。时间是个筛子，浮其尘埃，沉其金玉。人的一生是个反反复复被筛的过程，考试也是其中一项。对于绝大多数普通人来说，状元绝对是个遥不可及的奢望。不炒作，应该符合绝大多数人的根本利益，可为什么大家又对此津津乐道呢？

对于个人而言，成功不是一场考试，成长是一种漫长修行。唯有不断去其粗砺，留其精粹，才能更加通透。一个人的所见，只是他的心；而一个人的心所包容的，不只是所见。我们常常被一些无形的东西蒙住双眼，就像驴马一样被牵引着漫无目的地转圈而行。

陈亮多次提及自己一出生便被家族赋予无限期待。特别是多次参加科举考试，却“皆垂得而失”的祖父陈益，他把人生企盼完全倾注在幼孙身上，甚至梦见一位叫童汝能的状元。陈亮的叔祖高安府君，在一次祭祀祖坟时将高祖母的坟头指给陈亮，说她一定会佑护你的，福报将落在你身上。后来叔祖死了，福报迟迟未来，反倒是遭他人诬陷而两次入狱，身心受到极大打击，陈亮倍感羞辱。直到绍熙四年（1193）春天，五十一岁的陈亮又一次参加科举。五月的殿试，宋光宗亲自阅卷，将一份被考官初判为第三的卷子定为第一，卷子拆开一看，居然是陈亮。

陈亮将自己的命运与祖父梦境、祖先坟墓联系起来，仿佛一切都是宿命，都是先人在冥冥之中的佑护。家族重要成员的期望确实能成为激发一个人奋斗的动力，再施以良好教育，期望或能变成现实。

陈亮小时候在龙窟山寺读书，所受的教育完全不同于熟读“四书”的朱熹，特别是对社会流行的心性之学知之甚少，以至于后来恩师周葵不得不给他补《中庸》《大学》。此时陈亮读得最多的是史书，英雄故事激荡着他的心灵，涵养他的豪气。缺少那种教人做“醇儒”的训练，陈亮身上便生发出一些与世不合的“异端”，他希望自己拥有真正有用于社会的谋术，能够成为呼风唤雨的一代英雄。

陈亮在十四五岁时，被送到离家较远的何子刚教馆。何子刚家资数十万，又有亲戚在朝做官，却甘愿屈从乡间强横势力，不与他人计长较短，为人处世“以德不以力，以义不以势”。何子刚喜欢陈亮的才气，对他另眼相待，在品行、学业上勖勉有加。陈亮此时更是如饥似渴地读书，凡是能找得到的世人时文，无论巨细都看个遍。才思敏捷的陈亮，熟谙时文策论，更是下笔数千言一挥而就。他对王霸大略、军事筹谋有着特别喜好，经常指点江山、擘画四方。酒到尽兴时，他常与人说起三国陈元龙、周公瑾事迹，手舞足蹈，心中有莫大的快乐与满足。陈亮十九岁时，写出首部作品《酌古论》，轰动一时。

从宋高宗绍兴三十二年（1162）二十岁的陈亮与吕祖谦“同试漕台”，到宋光宗绍熙四年（1193）陈亮被擢为状元，陈亮的人生经历了多少沉浮！陈亮殿试的题目，是光宗所出的《问礼乐刑政之要》。陈亮之对既没有纵横家的磅礴气势，也没有婉约词的轻声细语，只是一些尽师道、尽君道、正人心、全民命的言辞，四平八稳，语气从容。但是光宗却与陈亮对策中的“臣窃叹陛下之于寿皇莅政二十有八年之间，宁有一政一事之不在圣怀？而问安视寝之余，所以察辞而观色，因此而得彼者其端甚众，亦既得其机要以见诸施行矣，岂徒一月四朝以为京邑之美观也哉”产生共鸣。光宗已经多次不朝重华宫，且听不进群臣劝谏。光宗看到陈亮如此言语，以为善处父子，龙颜大悦，就从原来考官奏名第三，御笔擢为第一。时孝宗在南内，宁宗在东宫，闻之皆喜。朝廷即授予陈亮建康军节度判官厅公事。

陈益五十多年前的“状元梦”得到验证。陈亮荣归故里，他的弟弟陈充迎拜于县界之内。陈亮说：“使吾他日而贵，泽首逮汝；死之日，各以命服见先人于地下，足矣！”功名在身，足以荣泽家族，告慰先人。这或许就是中国人对于“状元”津津乐道的原因之一。

“人龙文虎”的自我高标

陈亮一生为恢复中原奔走呼号，祸患百罹而不失轰轰烈烈，于其身后却冷冷清清，不仅为他写过祭文表示哀悼的朋友只有辛弃疾与叶适，甚至连状元的得来也遭友人诟病。他曾经的论敌朱熹却声名鹊起，竟成后世儒学之一大宗。

直到今天，我们依然会听到一种声音：陈亮只是个空想家，并无实在功绩。如果功绩仅就做官而言，确实如此。他不得赴建康军之任就忧愤离世，这不能不说是个遗憾。以官职评价功业，这得扼杀多少英雄豪杰的历史功绩！这得让多少的普通民众寒心！

陈亮上书进言，著述明理，特别是数十年教育生涯，力创永康学派，传播先进思想，这不正是一种实实在在的功业吗？

要评价一个人，先得了解一个人。我以为陈亮写的《自赞》，是了解其人的重要窗口。

“其服甚野，其貌亦古。倚天而号，提剑而舞。惟禀性之至愚，故与人而多忤。叹朱紫之未服，谩丹青而描取。远观之一似陈亮，近视之一似同甫。未论似与不似，且说当今之世，孰是人中之龙，文中之虎？”

“其服甚野，其貌亦古”，写出其人质朴率真，与时尚格格不入，体现一种傲世不群、卓然独立的姿态，似乎也在暗示自己上承千古，学有依凭。“倚天而号，提剑而舞”是一位孤独舞者奋发有为的人生态度，以诗书、长剑为武器与命运做不屈抗争。“惟禀性之至愚，故与人而多忤”以自嘲式笔法来描摹现实生活。他秉性执拗，不群于世人，被师长目为“狂怪”，让学友“怒发相向”，依然故我。未谋得一官半职，仍取丹青描摹自己，赫赫然地问：“当今之世，孰是人中之龙，文中之虎？”亦真亦幻，于画境、于现实，都无人可与之争锋，无人能使其屈服。

“人中之龙，文中之虎”应是最显眼的一句，有人说这是陈亮自信，也有人说这是陈亮轻狂。不过，他也曾用“人中之龙，文中之虎”称赞朱熹。既非自己独占，可以算作陈亮评价为人为文的一种标准。或者说“人龙文虎”是陈亮认为读书人所能达到的最高境界。

龙，或在渊，或在野，或在巅，集不拘一格、自由奔放的个性，集入云钻地、呼风唤雨的能力于一身。虎，骨骼粗壮，身体矫健，四肢有力，皮毛有着美丽花纹，正合文质俱美、鞭辟入里的好文章。陈亮以“人龙文虎”为做人、作文的境界追求，合情合理，也能自圆其说。

陈亮为辛弃疾、朱熹也作过画赞。画赞是古代一种常见文体，直接题于画作，也可另写于纸。在遗憾不见三幅画作之余，我依然庆幸今天尚能看到这些文字，可从中窥探陈亮内心。三篇画赞，表现陈亮令人叹绝的观察功力与高超绝妙的文字技巧。寥寥几笔，便成揭示人物性格、命运，表达内心情感的传神佳作。

且看他写辛弃疾："眼光有棱，足以映照一世之豪，背胛有负，足以荷载四国之重。出其毫末，翻然震动。不知须鬓之既斑，庶几胆力无恐。呼而来，麾而去，无所逃天地之间；挠弗浊，澄弗清，岂自为将相之种？故曰：真鼠枉用，真虎可以不用，而用也者，所以为天宠也。"

目视坚毅为世豪，肩负担子承国重，一位能拯救国家于危亡的英雄形象呼之欲出。辛弃疾回归之后并无一展雄才的机会，只落得"可怜白发生"的悲剧命运。陈亮大胆之处在于将"真鼠枉用，真虎可以不用"放在一起对比，究其原因是"天宠"，把批判矛头直接对准昏庸无能、苟且偷生的皇帝。这种感慨与叹息，唯有感同身受，方能喷薄而出。

我们再来看看陈亮为朱熹写的画赞："体备阳刚之纯，气含喜怒之正。睟面盎背，吾不知其何乐？端居深念，吾不知其何病？置之钓台捺不住，写之云台捉不定。天下之生久矣，以听上帝之正命。"

画中人体态雍容、面貌丰润，含蕴着一股似喜似怒的阳刚正气，这大概就是朱熹所标榜的"醇儒"标准像。别人猜不透他为何欢喜为何忧虑，竟是如此高深莫测。陈亮活脱脱地写出一个将人性付诸天命的理学家，似乎在赞美，又含着揶揄。其表现手法与所揭示的人物内心，完全有别于对待辛弃疾的真率与亲切。

学术界曾对朱熹画赞的写作时间进行过探讨。方如金认为作于淳熙十一年（1184），当时陈亮与朱熹的辩论如火如荼，陈亮用画赞淋漓尽致、入木三分地讥讽这位"睟面盎背""端居深念""置之钓台捺不住，写之云台捉不定”，一向标榜以“醇儒”自律的道学权威。成立海、陈广寒则认为画赞是绍熙三年（1192）陈亮在建阳看到朱熹考亭新居画像时所作。陈亮之自许尤其体现在他晚年所作的画像赞中。也有人认为是绍熙三年（1192）年底，陈亮到福建参加朱熹长子的葬礼并会晤时为闽帅的辛弃疾，三友人相聚之际命人画像以纪，陈亮欣然提笔而作三人画像赞。

三篇画赞，与其说是描写人物相貌，不如说是描写人物关系。刘熙载说“陈同甫与稼轩为友，其人才相若，词亦相似”，他俩的关系就像是一个人与镜中的影子。

陈亮与朱熹，他们曾互相欣赏，因思想裂缝终在学术上分道扬镳。但在生活上，他们依然有着千丝万缕的联系。绍熙三年（1192）朱熹之子朱塾卒于婺，陈亮作《祭朱寿之文》以吊之，写下“少有俊声而能自克，长读父书而能默会”表示对朱氏父子学问的敬重；又以“诸贤零落殆尽，天独许其后死，意者将有所为也”表达对朱熹的期许。

朱熹失约于“鹅湖之会”，不仅是陈亮的遗憾，更是中国思想史的遗憾。反倒是陈亮与辛弃疾两人因为聚会，交往日益深厚，彼此惺惺相惜，直到陈亮离世，辛弃疾在祭文中放纵哀恸惋惜，怅恨绵绵。

卢敦基先生为陈亮立传,直接用《人龙文虎:陈亮传》的标题，无疑是将“人龙文虎”与陈亮同视，这是老乡对前辈的景仰与肯定。

“南阳诸葛庐，西蜀子云亭”

刘禹锡的《陋室铭》朗朗上口，铭记在心。

“斯是陋室，惟吾德馨。”一种幽香从茅草棚里飘荡出来，成为云彩，化作甘霖，直达士人之心，激励他们进学养德，远离物惑。

“南阳诸葛庐，西蜀子云亭。”诸葛亮与扬雄，两位从陋所里出来的旷世英豪，正是陈亮景仰的高标。

二十六岁前的同甫，还不叫陈亮。因为他出生之前，祖父陈益做了个梦，梦寐中见到一位叫童汝能的状元，他认定这是他的孙子。当这位“目中有芒”的婴儿降世时，陈益更加坚信，他是未来的状元，遂取名为“汝能”。

“年二十有六，易名曰亮，而首贡于乡。”这次改名或与参加科考有关，而改名为“亮”，又与诸葛亮密切关联。

陈亮写过好几篇与诸葛亮有关的文章。《酌古论》中的《论孔明》分为上下两篇，这是唯一的特例。他开篇即言“英雄之士，能为智者之所不能为，则其未及为者，盖不可以常理论矣”。他称司马仲达是个智者，用兵“出奇制胜，变化如神，天下莫不惮之”。诸葛孔明却是“能为而能不为，将以乖仲达之所能，而出其所不能也”。孔明以忠、公、仁、信碾压了仲达的奸、私、残、诈，致使“兵未至而仲达之气已沮矣”，“锋未交而仲达之能已乖矣”。“孔明持节制之师，不用权谲，不贪小利”。若假诸葛亮以时日，他一定能打败仲达，平定关中，吞并魏吴，礼乐文治可兴。

陈亮认为孔明治理蜀国，是王者之治。“权逼人主而上不疑，势倾群臣而下不忌。励精治蜀，风化肃然”。陈亮激愤感怀于孔明的不幸，也因世人多以成败论英雄，就格外地细述他。陈亮仿佛是在诉说自己的故事，说孔明是虔诚的“伊周之徒”，而不是论者认为他自比管、乐，又“委身偏方”，就觉得他是“霸者之臣耳”。少年陈亮虽说难免“猖狂妄行”，但他却极为严谨，将王与霸分得很是灵清。这就跟后来与朱熹论战，朱熹说他是“义利双行，王霸并用”时，陈亮立即以细密得泼不进一滴水的逻辑，将这八个字奉还给辩友一样。

陈亮在《子房贾生孔明魏徵何以学异端》篇中写道：“孔明苟全于危世，不求闻达，三顾后起，而惓惓汉事，每以天人之际为难知，管乐功利之学，盖未能造此室也。天资之高，目力之异，卓然有会于胸中，必有因而发耳。”

陈亮以为出山之前的孔明怀着复兴汉室的理想，而孜孜不倦地研究“功利之学”，虽未架构宏大体系，却已是卓然在胸了。

他在《三国纪年》的“诸葛亮”条，称“诸葛亮以大公之道，一整纲纪，明白洞达，民用其情”。诸葛亮深谙治国之道，整饬纲纪，深得民心。其中尚有“诸葛亮附录”条，“末年渭滨之师，其规为志意远矣。惓惓汉事之心，对越天地，鼎足之计，非孔明本指也”。陈亮认为诸葛亮末年陈师渭水边，用意深远，不仅仅只是为了三足鼎立，而是为了统一大业。好一个“惓惓汉事之心”，与陈亮的中国之志几无别矣。

陈亮曾设想诸葛亮可以在“数年之间，天下略治，然后兴典礼，修正乐，斯民复见太平之盛矣”。陈亮说彼亮，是欲伸此亮之志。陈亮认为于偏安之一隅，恢复中国之大志，完全可以实现！可惜途不通，事未达，只有思想亮在星空。

扬雄是西汉时人，博学多才，早年以文章扬名天下。后来觉悟到“辞赋非贤人君子诗赋之正”，就不再搞这些“雕虫篆刻”的辞赋，转而研究哲学。他仿照《论语》体裁而作《法言》，仿照《易经》体裁而作《太玄》。

陈亮在《扬雄度越诸子》篇中，以为“伏羲氏始画八卦，假象以明理……扬雄氏犹惧天下之人，不足以通知其变，故因天地自然之数，覃思幽眇，著为《太玄》，以阐物理无穷之妙，天道人事之极”，“桓谭称其度越诸子，班固取以赞之，则亦不可不极论其故”。陈亮说扬雄超越诸子，不是他的创发，而是来自东汉哲学家桓谭的说法，而且也得到史学家班固的认同。

陈亮认为圣贤生在这个世上，“进而经世，退而著书，亦惟所遇而已矣”。

陈亮评价扬雄的书，并非“拟圣而作”，《玄》似《易》，《法言》似《论语》，它们在形式上确实存在不足，但如果从作者的“用心”上看，“《玄》有功于《易》者也，而非《易》之赘也”。

陈亮准确地概括了《太玄》的内容：“起于冬至而环一岁，以应事物之方来而未已，是其时之可见者也；始于一而终于八十一，以错综无穷之算，是其数之可知者也；从三方之算而九之，并昼于夜，为二百四十有三日，三分其方而以一为三州，三分其州而以一为三部，三分其部而以一为三家，以该括天地之变，是其事之可究者也。”陈亮认为该书“深入黄泉，高出苍天，大含元气，纤入无伦，文义繁衍，枝叶扶疏”，“有至赜之理，无穷之用，开启思虑，发挥事业，通此心于天地万物，而错综阖辟无不自我，性命道德之理，乃于时日分数而尽得之”。扬雄在《太玄》一书中意欲构筑宇宙生成图式，探索事物发展规律，思索天地人之间的互动关系，含义极为丰富，早已超越了天文历法所涵盖的范畴。陈亮在阐述扬雄之学博大精深的同时，也不忘提到一句，“性命道德之理”只是小菜一碟而已。

陈亮说《法言》之书“所以讲论古今，掇拾人物，以旁通其义者也”。在《太玄》和《法言》中，扬雄已经将天地万物之理及古今社会发展规律讲得明白通透了。

陈亮说“更圣越贤，苟可以互明其理者无所不用其极，而天下之人犹未尽赖其用，则诸子之哓哓真可谓候虫之自鸣自止者也”时，心里有一种不平之气在。要是没有开阔的视野与境界，诸子之间的争辩，就像是伴随着季节变化而出现的昆虫一样自生自灭而已。

陈亮对扬雄以及他的作品给予极高的评价，认为“天下不可以无此人，亦不可以无此书，而后足以当君子之论”。

陈亮始终认为自己是儒学的继承与发扬者，并不是儒学的反叛者。那些将实理实学视为异端的理学家们，恰恰是因为自己目光短浅、所见狭隘而已。

夏虫不可语冰。

少年文章追老泉

南宋名相王淮（1126—1189）在谈到陈亮学术渊源时说：“朱为程学，陈为苏学。”王淮是金华人，与唐仲友是同乡好友，也是亲戚。唐仲友的哥哥唐仲义与陈亮是连襟。王淮与陈亮的交情并非一般，曾在陈亮被诬入狱时，施以援手。陈亮在《与王季海丞相书》的信中说，以前丞相在客人走了之后，专门将我留下，与我促膝而谈，诚恳地说了很长时间的话，并为我没有被朝廷所用而担忧。那种恩情，就是父兄对待子弟也不过如此。陈亮向王淮推荐的叶适等人，王淮都给予考虑。故王淮之说一定是有根据的，是可信的。

此“苏”是谓苏洵。苏洵（1009—1066），字明允，自号老泉，被列为唐宋八大散文家之一。他写的《六国论》入选过高中语文教材。

“三苏”文章，是宋代士人参加科举考试的策论范文。故苏洵的文章也被大量印刷。那时金华、义乌的印书业非常发达，这也是婺州学术繁荣的有利因素之一。《钦定四库全书》苏洵《嘉祐集》提要中说：“……卷末题绍兴十七年四月晦日，婺州州学。雕、纸、墨颇为精好。……又附录二卷，为奉议郎充婺州学教授沈斐所辑”。陈亮在《春秋比事序》中说沈斐，字文伯，湖州人，“尝为婺之校官，以文辞称，而不闻以经称也”，曾著有《春秋总论》，“是习《春秋》者之秘书也”。

婺州州学曾在宋高宗绍兴十七年（1147）雕印苏洵的《嘉祐集》，其书“雕、纸、墨颇为精好”。这一年，陈亮五岁。“往二十五年时，余方学为语言，求以自见于世，凡世人之文章，无巨细必求观之。”（《赠楼应元序》）我想陈亮在家中、私塾教师那里所读过的世人文章中，一定有苏洵的《嘉祐集》。

我选择苏洵的《嘉祐集》与陈亮的《酌古论》进行考察，是因为陈亮《酌古论》在内容选择、构思与语言风格上与其有较大相似处。《嘉祐集》的得名，是因苏洵带着两个儿子苏轼、苏辙于宋仁宗嘉祐元年（1056）到了都城汴京。当时任翰林学士的欧阳修，把苏洵的二十二篇文章（《几策》二篇、《权书》十篇、《衡论》十篇）推荐给朝廷。宰相韩琦以此推荐他做官，一时名扬京师。后来苏洵把文章汇编成集，就叫《嘉祐集》。陈亮在《书〈欧阳文粹〉后》提到“二圣相承又四十余年，天下之治大略举矣，而科举之文犹未还嘉祐之盛”，从这句话可以看出，嘉祐年间的科举文代表其后很长一段时间的高度，而其中重要的代表就是“三苏”。假若出版商要给《嘉祐集》加个腰封，可能就会印上“大才子苏洵的成名力作，大文豪欧阳修、宰相韩琦联袂推荐，参加科举考试必读书”的广告语。

苏洵主张“言必中当世之过”，文章“不为空言而期于有用”。他的政论文古朴简劲，博辩宏伟，纵厉雄奇，言辞锋利，对历代政治、经济、军事和用人等进行了广泛全面的论述，具有纵横雄辩之风。如果将上面这些评价应用于陈亮的议论文章上，也是极为合适的。

我们再从具体的文章上细加比较，比如苏洵《孙武》与陈亮《羊祜》首段。

1.“求之而不穷者天下奇才也。天下之士，与之言兵，而曰我不能者几人？求之于言，而不穷者几人？言不穷矣，求之于用而不穷者几人？呜呼！至于用而不穷者，吾未之见也。”（苏洵《孙武》）

2.“攻必克而守必固，天下之奇才也。世之言兵者，孰不曰我能攻，我能守；而以当坚敌，则不能尽如所言者。此其才必有所格也。夫敌守而我攻之，此非善攻也；敌攻而我守之，此非善守也。善攻者攻敌之所不守，动于九天之上，人莫得而御也；善守者守敌之所不攻，藏于九地之下，人莫得而窥也。故以攻则克，以守则固，天下后世又从而服之，曰奇才。反是，则人容有议之者矣。”（陈亮《羊祜》）

以此可见一斑。当然陈亮在《酌古论》中，对历史人物的军事活动，所采用的正反对比、前后联系、补加例证说明等方法皆可从《嘉祐集》中寻找参照。

苏洵写过《太玄论》，对扬雄极为推崇。陈亮也是。陈亮记忆力好，悟性又高，苏洵那种“当世之要，颇喜言兵”“指事析理，引物托喻”“烦能不乱，肆能不流”的文章风格便被陈亮学了过来，成了他的一种特色。

董平认为陈亮向苏洵学习的说法有三点依据。其一，陈亮崇尚《春秋》，认为其根本精神在于“明赏罚以正法，此天子之事，故不得视《春秋》为孔子之所自作”，“《春秋》，天子之事也”源自苏洵的《春秋论》。其二，强调审时度势，知强弱之所在，实施政治改革以使宋朝雄强于天下，是苏洵政论的重要内容，而其观念的核心是“权”。陈亮论兵而重权谋，无异于苏洵；其论政而重通变，两者也相合。其三，苏洵“利者，义之和也”的观点，在陈亮处得到发展，其认为谋取民生的实际利益是根本道义。

陈亮虽然在少年时代就受到苏洵文章的影响，但他却不拘泥，有扬弃，有创新。正因博采众师之长，陈亮方成文章大家，“下笔数千言立就”。

陈亮对胡公跨越时空的告白

两宋“双贤”是永康骄傲，也是历史馈赠后世的一份大礼。则在千秋，亮在苍穹。

公元1143年，陈亮降生，此时胡则已离世104年。《佑顺侯祈雨文》与《讯神文》都是陈亮为祈雨而对佑顺侯的祝告。“佑顺侯”是宋徽宗在宣和四年（1122）给胡则神的封号。俗话说“天王由地王封”，至晚自六朝以来便有王朝对神灵的加封。宋王朝为规范民间祭祀，打击淫祠，形成一整套庙额、爵号加封制度，由地方政府上报有灵验的民间祠庙，然后下达加封诏书。“佑顺侯”爵位与“赫灵”庙额产生于此种背景。

淳熙九年（1182）夏天，陈亮在给朱熹的一封信中说，今年春天雨水特别多，到了五月却没有了梅雨。池塘蓄不上水，秧苗都焦了。如果到六月还不下雨，田里的秧苗就救不了。到时候我只能到绍兴去找朱秘书讨一碗饭吃。朱熹在回信中说自己祈祷已是尽心尽责，但从各州县间的政事看，也没有消弭旱灾的好办法。面对旱灾，富裕之家的陈粮都耗尽了，衢州的米价上涨汹涌，已经影响到婺州。百念聚在心头，陈亮该怎么办？

水是生命之源。缺少水，禾苗枯槁，人畜也会焦渴而亡。在生产力低下的古代社会，农民常常靠天吃饭。祈雨是对抗旱魃的一种重要仪式，人们往往借助于巫、偶等媒介，将自己的愿望上达天庭，进而获得雨水润泽。

陈亮能做的就是换上干净的衣服，到神灵面前念上一段自己精心撰写的祈雨文。这样的文字，在《龙川文集》留存了四篇。《石井祈雨文》祝告石井潭中的龙要担负责任，及时布雨，以解“十里之间嗷嗷”。《广惠王祈雨文》，所祈请的“广惠王”是一尊地方神。陈亮认为昔日农人顺乎节气，勤于农作，敬神有时。池塘湖泊有足够的储水，神灵守责，雨水调和，百姓不必对未来有所担忧。现在的百姓却很懒惰，春日闲时不去加固池塘，兴修水利，只将风调雨顺之事寄托于天。到了夏初，浅耕浅种，青草与禾苗一同生长，却巴望着秋天的丰收。一旦十日没有下雨，只能惊慌失措地向神呼告。“神怜其愚而降之泽”。这样的情形，成为一种常态，年复一年，民始终“不改其惰”，“顽不自省”。祈雨中，陈亮宣告此文，也希望农民们省悟悔过，付诸行动。

《佑顺侯祈雨文》与《讯神文》既是祈雨文，也可以看作是陈亮对胡则的一种内心告白。向佑顺侯胡公的告白，陈亮带了一众门徒，或为让他们了解一种仪式，也为接受陈亮坚持的一种观点。

在《佑顺侯祈雨文》中，陈亮认为民众虽然愚鲁，对胡则神却是虔诚的，只要能为胡则神做点什么，对自己的“发肤”之类是毫不在乎的。正因如此，胡则神也庇护着民众，甚至会有灵验的事情发生。作为读书人，陈亮把胡则神当作圣贤来看，这有别于一般民众的迷信。他说自己平时不去祭祀胡则神，遇到困境会求助于神，但他并不相信会有灵异事件发生。他认为胡则神就是过去的圣贤之士，以恻隐之情行仁义之事，保佑人民，赐予利益，并不以此要求民众回报。陈亮平日并不怎么侍奉胡则神，这是他第一次率领众弟子到胡则神庙里恭敬参拜，表达心愿。对是否能得到胡则神的应答，心里没底，自己的功力也不足以通神，只能顺其自然。到了这样“危窘”之境，不知胡则神如何怜悯自己。他对胡则神能行正大之事的想法始终没有改变，却无法得知神的态度。难道寄世人的希望渺茫，寄胡则神的希望也同样渺茫吗？陈亮在这种情形下，内心的焦虑、落寞之情，是可想而知的。

《讯神文》写于公元1183年11月8日，他以同乡人的身份问讯胡则神。一开篇，陈亮先是赞美胡则神，说自己出生晚了，赶不上胡则的时代，作为同乡却得以仰望其人的德泽恩惠与遗留风范。胡则神生前曾经在朝廷随从天子，为官正直，死后成为神明，佑护乡里。其时，乡人立庙祭祀胡公也已有百年之久。陈亮对百姓在祭祀胡则神时所搞的盛大仪式颇不以为然，认为这并不是因为虔诚，更像是招待大宾，不辞辛苦地在一饮一食上耗费财力物力，对神大献殷勤。乡人对胡则神寄予过高期望而尊敬他，实在是一种外见。陈亮将那种遇上灾年或是丰年，民众成群结队，化装打扮，兴高采烈地在路上手舞足蹈的祭祀仪式描述为“俚容鄙态”。这不仅是将胡则神当作外人，还将他当作病人，使胡则神不得安宁。

陈亮觉得胡公从天帝那里接受职位，这跟官吏从皇帝那里接受官职是一样的。如果官吏将自己辖区内的百姓是否侍奉自己作为爱憎依据，视金钱为通向威福的砝码，皇帝知道这些会怎么做？如果天帝知道百姓如此对待胡则神，他会怎么想？

陈亮相信不管作为官员还是神灵，都有自律和他律作为约束。他相信胡则成为神灵之后，依然是位关心百姓、救治人间疾苦的忠臣、能人。

陈亮表达了自己写作这篇问讯的缘由，家乡从夏天到秋天都没有下过雨。百姓惶惶不得宁静，而安于迎胡则之神，陈亮却于心不安，就亲自持文到胡公祠里焚香问讯。

陈亮在这两篇对胡则神的祈雨文告中，表达了作为士人的信仰，它不同于一般民众的目光短浅。陈亮对胡则神的告白，既有对胡则“为官一任，造福一方”的肯定，也寄托着经世致用的理想情怀。陈亮的事功学说，产生于这一方土地，必得胡则功业事迹滋养。胡则为官47年，在不同的岗位上，脚踏实地，尽心尽责。他深切关注底层百姓疾苦，除弊兴利。他有政治远见，知权衡利弊，懂人情世故，在不同地区、领域都能开创一片天地。陈亮的功利思想，讲的是大功大利。弘扬宋韵文化之机，我们定要结合当下之时，立良俗公序，扬初心正气。

陈亮词与词论

陈亮素来以“狂妄”的姿态出现在世人面前，在文学上也是如此。在他少年的时候，他就写过一首题为《谪仙歌》的长诗，表达对被称为“诗仙”“酒狂”的李白的青睐，认为李白“岂特文章为足法，懔懔气节安可移”，渴望“乾坤造化儿，使我笔下光焰万丈长虹飞”。

陈亮有词74首。他的爱国词作能结合政治议论，自抒胸臆，曾自言其词作“平生经济之怀，略已陈矣”。

据王兆鹏先生统计，陈亮位于宋词作者中影响较大的前四十名之列，虽不是大家，也称得上名家，但前人研究极少，只在夏承焘的《龙川词校笺》、姜书阁的《陈亮龙川词笺注》、王叔珩的《陈亮政论词选注》出版之后，陈亮词研究才开始“热”起来。20世纪90年代以来的文学史或专设章节介绍陈亮词，或增加介绍陈亮词的篇幅。

陈亮之词句法与章法上并不刻意追求，有许多词句来自经史，往往直接援引经典原文入词。句式也缺乏变化，有韵味的词句难得一见。句与句之间的逻辑关系清楚，缺少传统诗词的朦胧与跳跃。

这跟他以散文创作的手法来作词有关，他的词作讲究的是词语之间的逻辑关系，而不是词语与具体事物的联系，从而使阅读变成抽象的过程。

陈亮词中议论是极为普遍的。他作为思想家和政论家，观察问题特别敏锐，往往通过问题表象直指问题实质，一语中的，入木三分，体现思想的高度与深刻性。陈亮词的说理也具有独特的形象性，在他的词中全篇议论的毕竟很少，议论往往是在记叙、描写的基础上进行，或者议论本身就很形象。陈亮词中的典故多以三国魏晋时期的历史事件、名人业绩、神仙志怪以及唐诗名句为主要来源。如《史记》《汉书》《后汉书》《三国志》《晋书》《世说新语》以及李杜诗句等。

他以理入词。本来词是一种抒发个人生活感悟，特别是男女相思之情的艺术，但是陈亮却把它变成了言志抒怀的工具，主要表达陈亮本人的思想见解。

陈亮的词论在《与郑景元提干》一文中可见一斑："闲居无用心处，却欲为一世故旧朋友作近拍词三十阕，以创见于后来。本之以方言俚语，杂之以街谈巷歌，抟搦义理，劫剥经传，而卒归之曲子之律，可以奉百世豪英一笑。"

陈亮的词学主张主要包括三点：一是方言俗语的自觉运用，陈亮在理论上和实际中的自觉程度在当时是少见的；二是指词的创作方法，"劫剥经传"是指儒家经典入词，"抟搦义理"是指理学意蕴入词，这为陈亮首创；三是陈亮的预设读者是百世豪英，即"英豪"。陈亮曾说："彼英豪者，非即人以求用者也，宁不用耳，而少贬焉不可也。故饥寒迫于身，视天下犹吾事也；见易于庸人，谓强敌可劓也；信口而言，惟意之为，礼法之不可羁也，死生祸福之不能惧也。一有事焉，君子小人，一见而得其情，是非利害之间，一言而决。理繁剧则庖丁之解牛也；处危疑则匠石之斫鼻也。”

陈亮认为南宋文坛上词胜于诗，可以以“近拍词”“创见于后来”，提出了以“方言俚语、街谈巷歌”入词等主张。他自觉以词阐述政治主张、雄伟抱负等经济之怀，服务中兴恢复大业，以为可借“粗块大脔”之词“吐劲气”“浇垒块”。他看不上当时的诗作。“亮于今世之诗，殊所不解，不解故不好。至于古诗，《离骚》，盖纸敝而不敢释手。”极为欣赏那些“如干戈森立，有吞虎食牛之气”的诗词。

课本里的陈同甫

上高中时，我从课本中辛弃疾的一首词里真正认识陈亮。这首词就是辛弃疾的《破阵子·为陈同甫赋壮词以寄之》，据说辛弃疾的这首壮词写在陈亮高中状元之后。从课文的注解中，知道陈同甫就是陈亮。好一个“可怜白发生”！多少的感慨在里头，辛与陈，你与我，英雄与凡人。

陈亮有《龙川词》一卷遗世，词与辛齐名，号为“辛陈”。辛弃疾又继承苏东坡豪放词的衣钵，后人以“苏辛”合称。

我大学读的是汉语言文学专业。《中国文学史》有陈亮词的专门介绍。《古代文学作品选》里也有陈亮的三首词。我选修过宋词研究课程，用的是吴熊和的《唐宋词通论》，里面讲到“陈亮、辛弃疾诸人的‘经济’之词，志在用世，热切关怀国家民族的命运，有力地加强和提高了词的政治性和思想性，对南宋词的健康发展有其积极意义”。吴熊和师承著名词学家夏承焘，夏著有《龙川词校笺》。古典文学研究专家姜书阁也为《龙川词》作过笺注。姜书阁评价陈亮词作：“龙川词实独具风格，其一种斩截痛快，雄放恣肆之气，又有非稼轩词所能并比者。龙川之词，干戈森立，如奔风逸足，直欲吞虎食牛，而语出肺腑，无少矫饰，实可见其胸襟怀抱。”

让一代代中学生记住陈同甫的《破阵子·为陈同甫赋壮词以寄之》是这样的：

醉里挑灯看剑，梦回吹角连营。八百里分麾下炙，五十弦翻塞外声。沙场秋点兵。

马作的卢飞快，弓如霹雳弦惊。了却君王天下事，赢得生前身后名。可怜白发生！

青年时代的辛弃疾曾在北方驰骋沙场，血战抗金前线。因为这首词，我曾以为陈亮也是身披战甲、骑着烈马的一员战将。谁知道认识辛弃疾时，陈亮不过是一介布衣。辛是闲居江南多年，以“廉颇老矣”自况的，一位头发花白的中年人。

陈亮是在岳飞遇害第二年出生的，“精忠报国”深刻在汉族人的字典里。他跟许多汉族人一样，从小就知道岳母刺字的故事，辛弃疾有《美芹十论》，陈亮有《中兴五论》。辛弃疾一身英雄气概，陈亮同样壮怀激烈。然而在南宋苟安的政治氛围中，两人同样空怀壮志，报国无门。两人相见，就像一个人遇见了自己。陈亮是辛派词人中的佼佼者，晚清词论家陈廷焯以为“陈同甫豪气纵横，稼轩几为所挫”。

不过，现行中学语文课本中并未选用陈亮之词。我只记得以前高中语文课外读本中选过他的《水调歌头·送章德茂大卿使虏》：

不见南师久，谩说北群空。当场只手，毕竟还我万夫雄。自笑堂堂汉使，得似洋洋河水，依旧只流东。且复穹庐拜，会向藁街逢。

尧之都，舜之壤，禹之封。于中应有，一个半个耻臣戎。万里腥膻如许，千古英灵安在，磅礴几时通。胡运何须问，赫日自当中。

这首词充分体现了陈亮以议论入词的特点，慷慨激昂，充满着不甘屈辱的正气与誓雪国耻的豪情。陈亮填词多有经世济邦之意，故叶适在《书〈龙川集后〉》称亮“每一章就，辄自叹曰：‘平生经济之怀，略已陈矣！’”。

陈亮还有一首《念奴娇·登多景楼》的词很出名。它写在主和的宋高宗赵构病死后的第二年，即1188年。他渴望继位的宋孝宗从此能有一番作为。在考察京口形势之后，陈亮写下这首极具感染力、战斗力的豪词：

危楼还望，叹此意、今古几人曾会？鬼设神施，浑认作、天限南疆北界。一水横陈，连岗三面，做出争雄势。六朝何事？只成门户私计！

因笑王谢诸人，登高怀远，也学英雄涕。凭却长江，管不到、河洛腥膻无际。正好长驱，不须反顾，寻取中流誓。小儿破贼，势成宁问强对！

这首词借古论今。上阕借批判东晋统治者偏安江左，谴责南宋统治者不图恢复中原；下阕抨击空论清谈，认为真正的爱国者应当像东晋的祖逖那样，中流击楫，义无反顾。这首词纵论时弊，痛快淋漓，充分显示其词人兼政论家的性格。这种大气磅礴、开阔万古心胸的强音，是足以振奋人心的。

陈亮的词有两个特点。一是惯用日常用语，二是好发议论。在一些人眼里，可能是俗而直，没有诗词该有的雅与曲。卢敦基认为："他以政论为词，是继苏轼以诗为词、辛弃疾以文为词后的一大发明，而且成为这一词类的代表人物。至于得失，大家知道，文学终究不是宣传，好的政论词读起来激荡人心，但是毕竟偏离了文学的正规，所以陈亮的这一贡献历来遭到冷遇，直到新中国成立后极端强调文学作品思想性才引起重视。在语言的运用上，他的词也有过分散文化的倾向。当然，陈亮终究是词中一大家，一个在政论词领域中独领风骚的杰出人物。"他那些极具个性、激荡着爱国情怀的诗篇，依然可以成为好读物。

方竟成主编的《金华乡土语文读本》选中陈亮的《贺新郎·寄辛幼安和见怀韵》词：

老去凭谁说。看几番、神奇臭腐，夏裘冬葛。父老长安今余几，后死无仇可雪。犹未燥、当时生发。二十五弦多少恨，算世间、那有平分月。胡妇弄，汉宫瑟。

树犹如此堪重别。只使君、从来与我，话头多合。行矣置之无足问，谁换妍皮痴骨。但莫使、伯牙弦绝。九转丹砂牢拾取，管精金、只是寻常铁。龙共虎，应声裂。

这首词写在陈辛鹅湖会之后。淳熙十五年（1188）冬，陈亮约朱熹到赣闽交界的紫溪与辛弃疾会见。朱熹爽约，陈、辛两人盘桓山中十日。别后，辛弃疾寄了一首表达思念的《贺新郎》词给陈亮，陈亮和之。在词中，陈亮痛言世事颠倒，当道偏安，难言恢复；叹岁月流逝，人老无成。又想到与朱熹的义利之争，多次探讨，终究不能相合，表达自己要勤加锻炼，从真理的炼丹鼎中化铁为金，迸裂出龙虎仙丹，取得思想上的圆满。

此读本还选了陈亮的《重建紫霄观记》，是为碑记。陈亮从道家所谓“洞天福地”说起，讲世人为“耳目口腹之欲”“大之为天下，浅之为锱铢，率蚁斗于穴中，生死而不自觉”。写了此处“道经儒书更阅不休，而文墨琴供皆所不废。客至萧终日，忘其为驿道居民之可厌也”“超世绝去者，岂必其不乐此？”陈亮所认为的“洞天福地”，就是有经书可读、有音乐可赏、处之忘俗的地方。

斋名与斋铭

斋，就是屋子。在读书人那里往往是指书房。家境好的，可以独辟一屋，以作藏书、读书、著述之用。家境差的，人书共屋。不管怎样，取个有意思的斋名，再请别人或干脆自己写个铭，作为勉励、警诫，自然就更好了。就像刘禹锡的《陋室铭》让人们记住了他的“陋室”，更记住了“德馨”的价值。

陈亮也是写作斋铭的高手。《耘斋铭》是他为剡中任氏兄弟所作。“耘”就是翻土除草。陈亮将读书比作农人耘田，“耘”去害苗，方能正心，但“耘之又耘”，又易伤害好苗。农人欲得丰收，不仅要用力，更要虔心。“工贵其久，业贵其专”，专心致志，方出精品。《力斋铭》则是他为何晦而作，以“下学之功，举用其极”，诠释在学习上用心用功的重要意义。

陈亮小时候，家里肯定是有书房的，因为他的祖父陈益是个读书人。“少以志气自豪，盖尝入舍选，从事于科举，皆垂得而失。既又欲以武事自奋，亦弗克如其志。”陈益入过官学，考过科举，也试过武举，经过半辈子折腾，没能得个功名，只给自己留了个寂寞，才将全部的念想寄托于孙子。

陈益对陈亮谆谆教诲，希望他能考中状元，光宗耀祖。在灼灼期许的目光中，陈亮遍读家中的藏书，又到附近的山寺读书。随后走出龙窟山，拜一方名儒何子刚为师，学问更得长进。在同龄人尚为懵懂未化之时，他已“慨然有经略四方之志”，喜谈王伯事，为周公瑾、陈云龙而击节感叹。十八九岁“考古人用兵成败之迹，著《酌古论》”十九篇。

芒出囊外，必为人知。宋孝宗隆兴元年（1163），二十一岁的陈亮被参知政事周葵延为上宾，客居京城临安。周葵给陈亮的书房取名为“中”，并亲自给他讲授《大学》《中庸》学问，期望这位“他日国士”，习道德性命之学，与上流共流，与官场同场。

陈亮感觉这个“中”字，理解与践行起来实在太难，就自作主张换成了“厉”，大概有严格执行的意味，并托付好友吕祖谦写《厉斋铭》。吕祖谦是极聪明的人，他说“厉也者，所以用力而择乎中也”。这样的解释自然让周葵与陈亮都满意。吕祖谦亦师亦友，谆谆开导他“有习有积，有居有移，亦能用力，靳适厥宜”“不将不迎，不留不处。敬而无失，大中之矩”。同甫兄弟啊，你在德行与学业上，要常学习，常积累；既要停下来思考，又要奋发前行；用力守中，扬弃结合，成功就不难了。至于外物，任其来往，不刻意迎送；坚守内心，不迷失正道，弘大“中”之规矩。从后来陈亮的遭遇看，他离《厉斋铭》的要求还是有些距离的。

桀骜不驯的个性给陈亮带来许多人生的不幸。宋孝宗乾道八年（1172），陈亮参加科举考试落败而归，万般沮丧。生活上又极其贫困，三位亲人的灵柩留停家中，无钱安顿。他决定退居家乡，在龙窟山下帷授业，致力于学。陈亮将自己的屋子取名为“妥斋”，自己动笔写了《妥斋铭》：“往则俱往，来则俱来。义苟精矣，动静必偕。心之广矣，亦可惧哉！天下虽大，吾安厥斋。”陈亮以为该去的已去，该来的会来。如果道义精达，动静必然相偕。我要收敛自己，虽然外面的世界很大，愿将一颗心妥妥地安放在这间屋子里。“妥”之斋名，是陈亮在生活的一番教育下，内心变得更为澄明的标志。那一年，陈亮三十岁。

陈亮给永嘉长者薛季宣写了一封信，求他写篇《妥斋铭》。薛季宣当年七月到临安向朝廷述职，从郑景望那里得到陈亮信件时已是冬天。薛季宣在给陈亮的复信中，回忆当年“二陈之名籍甚京师”的往事。但前不久的这场考试，“二陈”结局却有天壤之别。陈傅良一举成就功名，陈亮却落于孙山后。他劝慰陈亮说：“冲天惊人之轩奋，岂有迟速间哉！”

薛季宣在推辞一番之后，还是为陈亮写了《妥斋铭》，其文云：“妥斋，陈同甫作而居之，薛季宣隶而铭之。铭曰：有天有渊，飞跃鸢鱼；妥之安之，生民保居。天之产民，罔不大安；有妥之安，皇唐有焉。循物之安，妥用不集；非安惟安，摇摇岌岌。妥乎妥乎，大安不欹。有怀者居，安其岂而。子有精庐，斋居以妥；妥其安哉，神天将子可。”陈亮真的是想妥安居之，不想再有烦心事了。

但“妥斋”之名用的时间并不长，陈傅良登进士第后，陈亮曾去信一封，其中道：“妥斋之教良是，今不复用矣。甚欲得数语相警策，许之而未，何也？”陈傅良并没有题写新斋名，倒是吕祖谦为他写了一篇《恕斋铭》，留此为证：“实理难精，实德难居，实责难受，实病难除。实知其难，于人则宽。惟实惟宽，惟恕之端。天地变化，草木蕃芜。迹厥实然，可求其故。陈子作斋，侑坐有勒。匪尚其通，亦尚其塞。”吕伯恭所言“惟实惟宽，惟恕之端”，大概能道出同甫心事。“实理难精，实德难居，实责难受，实病难除”，人世间唯“实”真难、最难。“恕斋”一名，陈亮沿用了许多年。淳熙六年（1179）冬十月初一为赴广东任职的族叔作的《送严起叔之官序》，就在文后书“作于恕斋”。

淳熙十二年（1185），陈亮四十三岁。其时，陈亮自称“方学为老农老圃”，在“畦垄之间”，实际生活已经有了翻天覆地的变化，可称富甲一方。不仅将两百亩祖田买回来，还大治苑囿亭阁。他在给朱熹的信（《与朱元晦秘书》）中所提到的建筑就有抱膝、小憩、舫斋、赤水堂、独松堂、临野、隐见、观稼等，大有“楼台侧畔杨花过，帘幕中间燕子飞”的气象。

他似乎对“抱膝”一处特别倾心。叶适作了两首《抱膝吟》，陈傅良也作了一首。陈亮却不满意，以为词语虽工，却“说长说短，说人说我，未能尽畅抱膝之意也”，更希望朱熹给自己写两首诗，“其一为和平之音，其一为悲歌慷慨之音”，并让仆人带着干粮去乞取。朱熹回信说“留此人等候数日，竟不能成”。

直到绍熙四年（1193）九月二十四日，朱熹在给陈亮的答谢贺寿的信件中，依然说：“《抱膝》之约，非敢食言。正为前此所论未定，不容草草下语。须俟他时相逢，弹指无言可说，方敢通个消息。但恐彼时又不须更作这般闲言语耳。”

直到陈亮去世，朱熹一直没有写成《抱膝吟》。其原因应该是多方面的：既有当时朱熹认为陈亮有炫耀眼下富贵之嫌，以为这“不是躬耕陇亩、抱膝长啸气象”；也因为陈亮曾将劝其“归正”的手书条幅转送别人而怄气；更与两人的王霸之辩有关。陈亮耿耿于心，不免抱憾。

陈亮为何对“抱膝”情有独钟？“抱膝”者，从容而思也。陈亮仰慕诸葛孔明的抱膝长啸，这或许就是陈亮想要的人生姿态。

作为现代人，不妨学学古代的读书人，给自己留一间书斋，题几句斋铭，以之诫勉自己。

一篇送考文

乾道七年（1171），陈亮在秋试中再一次落败，接着他又做了一番努力，继续上书给孝宗皇帝，请求迁都金陵。且给丞相虞允文写了一封书信，提出朝廷要以厉兵秣马为务，实心实意行实事，力图恢复中原，雪洗国耻。虞相为之震动，朝论之时，有大臣认为这是秀才的空口白话，于国事无补。陈亮所献的计策自然又是石沉大海。陈亮在等待了一段时间之后，觉得继续待在临安已是毫无意义，就带着惆怅、失落与寂寞回到了家乡。

这一次，他对朝廷真的已是彻底绝望。面对家徒四壁的贫困，他开始为自己勾画“为士为农为商”的生活图景。陈亮是个行动力很强的人，一旦打定主意，立刻着手实施。乾道八年（1172），他下帷收徒授课，一些相信他学说的熟人、亲朋聚集在他的周围。陈亮的日常生活就是编印经书与讲课资料，“僻居与诸生日钻故纸”。教书为了生计，生计不忘读书，在向学生传授学问的同时，自己的学识修养也获得提升，特别是在儒家经典的研究方面，陈亮的学问大增。

那一年，春榜放，共出389名进士，心学领袖陆九渊也名列其中。福州人黄定为状元，后人就把这一榜称为“黄定榜”。

大考之后，“成均阕弟子员，有司将群四方之士而择其可者”。陈亮的学生中有四位跃跃欲试。陈亮自然就趁机为他们打气，于是询问学生对这次考试的态度。那些不打算去考的学生说自己估计考不上，去了也没啥用，就留下来再努力；准备去考的学生则说其实心里并没有多大把握，只是随俗去考考而已。

作为老师的陈亮听了这些话，心中自然有些不悦。他以为应该借机进行一次深刻的思想教育，以端正学习态度。他认为古代有修养有作为的人，都有着积极良好的心态，在学业与处事上都努力修为。至于成功与否，自有老天爷决定。陈亮跟学生讲“居者勉吾学”“行者竭吾力”。留下来不去考的一定要努力学习，去考的一定要竭尽全力。凡做事都要先将心定下来，找到努力方向。态度消极的人，往往一事无成。

即将去临安应考的士子们认为京城集中了不少的英才俊杰，与他们结交一定可以增长学问，学到许多为人处世的道理。不过因为人生地不熟，很难去接近并结交他们，就像饿着肚子的人找不到食物一样。难得去一趟京城却空手而归，如何向留下读书的人交代？他们认为陈亮在临安待过多年，自然认识一些人，其中不乏高官名儒，期望得到陈子的点拨引领。

陈亮就向他们推荐在临安做校官的石夫子，让学生去拜访他，说一定会“虚往实归”，饿不了你们肚子的。

陈亮非常重视所教弟子的这场首考，希望他们的临安之行斩获多多，就对学生们拜见石夫子时所持态度提了一些建议。他对卢生说“你带着‘通爽’（豁达爽朗）去”，对陈生说“你带着‘惇谨’（惇厚谨慎）去”，对何生说“你带着‘开警’（开悟警戒）去”，如此这般，都可以得到自己想要的东西。

这一篇送别文有许多对话描写，让人很容易想起《论语》，想起孔子与学生相互探讨的场景，可见陈亮的亲和作风。

“通爽”“惇谨”“开警”等词语，陈亮绝不是随口说出的，这基于他对学生的了解以及对教育的思考。我们从三种交往方法及求学态度中得到一些启示，也可以将它们理解为做人、做事、做学问的要求。

“开警”一词，陈亮在给陈傅良的一封信中也提到过。“但其间每以得失相开警，爱我则至矣，可得谓之相知耶！”陈亮说朋友常常以得失来“开警”自己，这是对自己备至的关爱，可以称得上是知心朋友。从施受关系上看，“开警”可以是主动的，也可以是被动的。

吕祖谦在闻知陈亮于家乡办学之后，即去信与之讨论教育方法：“后生可畏，就其中收拾得一二人，殊非小补。要须帅之以正，开之以渐，先敦厚笃实，而后辨慧敏锐，则岁晏刈获，必有倍收。然此自吾兄所自了，固亦不待多言也。”

吕祖谦所说的“帅之以正，开之以渐，先惇厚笃实，而后辨慧敏锐”，我的理解是在学生的教育培养上，教师要以正面教育引导之，循序渐进启发之，使他们打好扎实基础，养成淳厚踏实学风，而后方能形成明辨、机智、聪慧、敏锐等品质，这是学术提升的具体路径。吕祖谦与陈亮在学风上有许多相近相同之处。吕的说法想必陈亮也是极认可的。

批评教育与用人上的不公平

宋代是个开放包容的社会，军农工商子弟都可以通过科举考试成为国家栋梁。“朝为田舍郎，暮登天子堂”是真实发生的故事，也是激发寒士苦读圣贤书的强大动力。

但在接受教育与参加科举考试的机会上，达官贵族与平民百姓依然是不平等的。比如当时的宗子学便专为皇家宗室而设，国子监也主要招收官宦子弟。

国子监源于隋唐，它既是宋代中央专门的教育行政机构，也是全国的最高学府。“凡学皆隶国子监。国子生，以京朝七品以上子孙为之，初无定员，后以二百人为额。”国子监招收京朝七品以上官员子孙，称作监生或者国子生，为宋代高、中级官僚子弟的专门学校。

这些学生是按照恩荫入学的，无须经过预选考试。大多数学生只为追逐利禄，平时学习吊儿郎当，有的甚至只在科考前临时听讲备考，平时经常到堂听讲的只有一二十人，所以《宋史》上说“以国子名监，而实未尝教养国子”。

到了南宋，国子学更是萎靡不振。“建炎初，即行在置国子监，立博士二员，以随幸之士三十六人为监生。”后来国子生定额为八十人，一直招生不足，只附设在太学之内。尽管孝宗和宁宗采用“待补”“试补”的办法，开辟生源，让在朝官员的子孙们前来就读，效果依然不理想，甚至请人代读的情况也常有。南宋国子监是办得很烂的一所学校，完全丧失了最高学府的地位。

陈亮专门讨论过宋代中央官学国子监的问题。他认为国家制度是大臣们构想出来的，需要士、大夫共同守护。公、卿、大夫治理国家的方法，需要他们的子弟学习遵守。这些都需要设立专门机构、专门学校教给他们，国子监就是行使这种功能的地方。公卿大夫子弟（国子）在国子监学习如何管理国家，这并不是天下所有读书人都能享有的权利，治国只是统治者的内部事务。

太学是宋代中央官学的核心。陈亮站在事功学派的角度认为，通过推荐、考试选拔优秀人才集中京城接受教育，不是为了“养其重厚质实”，更不是为了销蚀他们的心志。太学教育的根本目的是以天下学问、天下规矩培养这些优秀士人，使他们有用于国家，有用于社会。

天下那些特立不群的英雄，被排除在官学教育之外，他们虽然知晓国家治乱之道，却不会被选拔为官员，也不会受推荐而入国子监学习。

贵族们的嫡子可以继世为卿，众庶子则进入国子监学习。“集其庶子而教之以道德，肃之以戒令，平居则考其艺能，缓急则部以军法，凡在王朝之左右者，无非可用之才也。”国子们一起聚集在国子监中接受学习，是成德达材的途径，他们在教师指导下发扬优点，弥补缺失。这是一种很“丰满”的理想，可在现实中却是很“骨感”。这些高干子弟压根就不把学习放在心上，国子监的各种规矩形同虚设，国子们在这里就像出入菜市场一样随便。他们的父兄都是高级官员，国子监的老师们要让他们勤勉学习、听从安排，在管理上简直无计可施。

国子监设置博士、正、录等职位，文道尚存一二。由于科举考试制度不合理，尽管国子们的学业修行普遍不高，却根本不用一般标准去衡量，这等于将那点微弱的文道也尽废了。上层却以为那些山林之士（特立不群的天下英雄）不可能忠于现有的国家制度，是不可靠的。朝廷认为天下英雄只会用各种言论扰乱视听，从而有意不任用他们去管理国家，只任用被认为忠诚可靠的国子们。

朝廷在选用国子们做官时，根本不考察他们在国子监的学习经历，“虽不学而从政者，举世安之而不以为异”。这样还能期望国子们熟习国家治理的根本大法，管理好国家吗？

陈亮在讨论“官二代”任用问题时，引用汉代“诸侯以嫡子袭爵，二千石九卿得任其子弟郎，充实宿卫，考其能力与廉洁，而后出补令丞”的做法，认为其有一定的合理性。但到后来其流日开，其法日滥，其弊日多。虽廉臣“能律其身，而不能律他人之私恩；能严其法，而不能严后日之积渐。盖举世常患苦之，然同蹈一辙而不自知也”。

陈亮“以其情察之，而验之成周之法”，提出两点意见。其一，三公九卿既为天子所尊礼，其子有别于白丁、寒士，应予以仕籍。这是天理，不是私恩。其二，“使公卿子弟不学而官使之，则害政之大者”。成周建立教国子之法，有大司乐、乐师、大胥、师氏、保氏分掌，其他的又使诸子之官掌之，“讲闻道德之训，习熟朝廷之事”。其长子继世，其余成材者出而用之，不成材的也能食其世禄。陈亮认为“今不思所以教国子之法，而欲裁其奏补之数，严其入仕之格，盖两失之矣”。何为两失？一失贵贱有别之“天地之经”，二失长幼有教、择优录用的“任子之法”。

陈亮在《任子宫观牒试之弊》中，继续深入而具体地讨论这个问题。任子，是指公卿大夫的子孙继承爵位之制。宫观，是指供养逸官老臣之制。牒试，是指科考取士中保荐、笔试、户籍限制等一系列制度。陈亮举了当时任子、宫观、牒试三方面的弊端，提出“取士之道，所以敬天之所付，而求尽天下之才也，非诱之以爵禄，而使之颠倒于是非荣辱之涂而不自知也”，不可以“立法而听人之自取，使之各执成法以要其上”，应该“使法令宽简，而予夺荣辱之权一归于上”，甚至提出法不可“随世而立”“以求精密”，恋念“古者不恃法以为治”“八柄驭群臣”等。

陈亮看到当时皇权旁落，政不出朝廷；冗员害政，财政吃紧；科举取士，偏离择优之道。陈亮呼唤一代圣主，能除时弊，强国民，开太平，可见其拳拳忧国心。陈亮提出依照《周礼》“八柄驭群臣”。所谓“八柄”：第一是授予爵位的权柄，以使臣尊贵；第二是授予俸禄的权柄，以使臣富有；第三是赐予的权柄，以使臣得宠幸；第四是安置官吏的权柄，以劝励臣下的贤行；第五是赦免死罪的权柄，以使臣得免死之福；第六是剥夺的权柄，以使臣贫穷；第七是废黜的权柄，以惩罚罪臣；第八是诛杀的权柄，以使罪臣遭祸。

陈亮在《中兴论》将“减进士以列选能之科，革任子以崇荐举之实”的人才选拔方式，作为振兴国家的一条重要改革政策提了出来。

其实陈亮最希望看到的，也是皇帝与朝廷根本不想做的，就是重用“山林之士”。陈亮认为在人才选拔问题上，不要只局限于高官子弟范围，而要让民间的英雄豪杰为国家效力。

在《论开诚之道》中，陈亮感慨万分地写道：“何世不生才，何才不资世！天下雄伟英豪之士，未尝不延颈待用，而每视人主之心为如何”，“夫天下之可以爵禄诱者，皆非所谓雄伟英豪之士也”，“天下固有雄伟英豪之士，惧陛下诚心之不至而未来也”。

每一个时代都会产生足够那个时代所用的人才，根本无须担心人才不够用的问题，要忧虑的倒是统治者是否拥有一个容纳英雄豪杰奋发作为的博大胸怀。

科举是下情上达的一种方式

说起古代教育，往往会使人联想到科举考试、“八股文”。其实，隋朝以前是没有科举制的，明代之前也没有“八股文”。

陈亮认为设科取士是朝廷为得到“非常之才”，“设科以取士，而制举所以待非常之才也”，“故设为制举以诏山林朴直之士，使之极言当世之故，而期之以非常之才”。

科举制度给天下士人进书言事提供途径，使下情得以上达。“尧舜之时有进善之旌，诽谤之木”，不管是士大夫、普通人，还是盲艺人，都可以表达他们的思想与情感，让天子听闻。

然而到了专制时代，大臣跟皇上说话成为难度很大的技术活，既要说真话又要让皇上爱听，确实不容易办到。如果揣测皇上心理，尽拣他想听的东西，这样说出来的话，一定离实际情况很远。真相被隐瞒，皇上受蒙蔽。即使敌人已兵临城下，皇宫依旧笙歌夜宴，落个国破家亡。这样的结局，皇上与臣民自然都是不愿看到的。如果提倡直士敢言之风，让大家都可以向皇上进言，陈亮认为也会有两种不好的结果：狂妄者进胡言乱语，扰乱皇上听闻；谄媚者趁机阿谀奉承，拍得皇上心花怒放。如此，真实的下情照样不能上达。陈亮认为“下情不通，祸败随至”，让天下之人“争务论说利害以撼时政，亦非有国之福也”。

在这中间应该有第三条路可走，那就是有限的言论自由。这条路就是科举策论的通道，朝廷为士人们所创造的可以直接表达真实民意的机会。陈亮认为皇上间隔一年召集礼部所选送的士人亲自主持策论，名之为御试，以探究政事得失。真正能与皇上进行面对面交流的人，是经过“所在群试，有司私策之，人士公议”层层过滤筛选的，皇上所得到的下情已经离真实很远。对此陈亮深有体会，也是有感而发。陈亮年轻时，他的名字已被皇上所耳闻，却在一次次的科举失败中失去与皇上直接对话的机会。即使屡屡上书，多半也被弄臣们所截留，皇上压根看不到。

回顾自古以来的人才选拔史，陈亮认为尧舜之时由各诸侯向天子荐士任官。夏商周三代用的是乡举里选法。到了周代末年，天下士人在各诸侯国间到处游说，拨弄口舌而获得帝王的重用。汉代兴盛时，又恢复由郡国举荐士人任官的制度。魏晋之时，用的是陈群所持论的九品中正制。科举制创于隋朝，兴盛于唐代。这时候“天下并趋于华，而人才日以浮”。宋代也以科举取士，到陈亮生活的南宋时代，已经实行了二百多年，宋代的科举取士方法已经非常完善了。

因为是凭科举考试选拔，尽管一些人才智过人，倘若考试失败，也只能落个老死山林，一辈子不可能出仕的下场。当然他不敢说是朝廷不公平、不公正，毕竟分数面前是讲人人平等的。除了人才可能被遗漏，更坏的影响就是一般读书人烂熟经书、奇巧构文，处理实际问题的能力反倒不见增强。

科举确实畅通了寒士的进阶之路，南宋科举登第者也是平民居多，有时占比甚至达到百分之七八十。平民的好学精神与报国之志勃然兴起，但正如陈亮说的那样，弊端也很明显。面对已经实行了六百年的科举取士制度，陈亮振聋发聩地连问：如果科举取士的原则不变，在具体的操作上可以如何改变？社会已经千疮百孔、弊端层出不穷，如何拿仁智之心去应对？读书人沉迷于烂熟经书、花样文章之中，有何办法可以恢复士的精神？

关于应试教育的弊端、考试制度的改革、知识分子的气节等问题，时至今日也值得去思考，去议论，去改变。

“智力”并育

尽管宋代重文抑武，但是国家也办有武学，并开考武举一科，以选拔军事人才，满足军事斗争所需。南宋的武学于绍兴十六年（1146）三月仿照旧制在临安修建。绍兴二十六年（1156），宋高宗看到武学屋舍破败不堪，对辅臣说：“文武一道，今太学养士已见就绪，而武学几废，恐有遗材。”

陈亮也主张“文武之道一也”。他认为“文非铅椠也，必有处事之才；武非剑楯也，必有料敌之智。才智所在，一焉而已。凡后世所谓文武者，特其名也”。

陈亮专门与学生讨论过“武举”的话题。他以《诗经》里“赳赳武夫，公侯干城”的诗句为例，证明“武夫”作为一种职业在周代时就已经存在。你看那高大健硕、气昂雄赳的武士站在公侯身边，有多威武。陈亮认为“武夫”的出现并不意味着当时的人们没有足够的智力保护自己。相反，当时的人应该是文才武智集于一身的。在汉代强盛之时，读书人也都有几斤力气。“天下之士群起而赴功名之会，往往其气足以自振”。到了太平盛世之后，士人“文事浸以兴，举一世日竞于浮华而不知反”，从而变得萎靡不振。一旦国家机器的力量不够强大，就有盗贼横行的忧患，就有夷狄乱华的灾祸。这些情况的出现绝非偶然，而是士人智力不足的结果。

陈亮认为自己在所处的时代，读书人坐而论道，当官的没有远见，农民、工匠、商人忙于养家糊口。即使皇上有恢复中原的大志，在臣民当中也激不起西进的浪花。如果这时候朝廷摒弃文人，重奖武夫，其实也不为过。可数年以来，武举的科场文章，武人进退的礼仪规则，武官的言辞论调，比文人们还肤浅浮躁。这样选拔出来的武夫智力更是不足，对国家根本没有用处。

陈亮所说的“智力”不同于现在常用的意义。指的是谋略与武力，既包括个人层面，也包括国家层面，如“孰能运其智力于不争之地”“秦以智力兼天下”等。陈亮认为“智力”与“文武”一样，都应是浑然一体、不可分割的。“天下，大物也。须是自家气力可以斡得动，挟得转。则天下之智力，无非吾之智力。形同趋，而势同利。虽异类，可使不约而从也。”要拿捏住天下这个“大物”，就应该让“天下之智力”“不约而从”于“吾之智力”。大家“同趋”的办法就是“同利”。换成现在流行的一句话，就是建立人类命运共同体。

陈亮自身具有书生、侠士的性格，他办学校也讲究培养全面发展的人才。他在教育实践中强调育智与育力要一起抓。一个人没有强健的体魄，聪明才智就失去支架。一个国家也是如此。陈亮认为如今中原大半已为夷狄所占，国家大耻未能扫除，天下没有一日安定，士人们怎么可以恬然坐而论道？这是整个国家智力不能自振。

文士、武夫在概念上的区别，无非只有分类上的意义。作为一个人，不唯体魄，还要谋略，加以勇气。少了谋略的武夫叫“蛮匹夫”，少了胆力的书生叫“蛀书虫”，都是乱世中任人宰杀的豚、鸡而已。若想不被杀，人人都须兼备智力以自保。

在古代能够带兵打仗的文人其实很多，诸葛亮、王阳明、曾国藩等。南宋的陈亮、辛弃疾、陆游等都是智力超强的英豪。我们这个时代的教育也一定能培养出更多智力健全的人。

论终身教育

“终身教育”这一概念是联合国教科文组织在1965年正式提出来的，现在其理念已在全世界广泛传播。终身教育是一种与生命共有，外延扩展到社会各方面的连续性教育，它的基本任务是学会认知，学会做事，学会共同生活，学会生存。终身教育贯穿人一生的各个阶段，包括婴儿、幼少年、青年、壮年、中年、老年等六大阶段。面向社会全体成员，并把一切具有教育功能的社会组织连接、联系起来，把各层次、各类型的教育完全沟通协调起来，旨在促进人的全面发展，提高人的全面素质。

南宋的陈亮写过一篇倡导“终身教育”理念的文章，叫《赠武川陈童子序》，是写给武义一个小童生的。陈亮将人生分为儿童、青壮年和老年三阶段，提出每个阶段学习的特点分别是“记诵”“学识”“德业”。他认为“童子以记诵为能，少壮以学识为本，老成以德业为重”。

作为唯物主义的思想家和教育家，陈亮已经充分认识到人的生理和心理特点与教育有着密切关系。童年时代，人尚为幼小，单纯专注，记忆和模仿能力强，所以强调“记诵为能”。青壮年时期，精力充沛，步入广阔社会，开启人生探索，有着旺盛的好奇心与求知欲，“则所该愈广，所求愈众”，在学习上应该追求博学而广识，尽可能多地拓展自己的知识领域，使自己成为博学多才的人。老年时代，人生阅历丰富，“穷天地之运，极古今之变”，这是人生道德和学业集大成时期，应该去钻研宇宙的奥秘。

陈亮强调应该根据人生的不同阶段，有针对性地实施教育。作为学习者本身也要规划好自己的人生学习，做一个终身学习的实践者。

“故君子之道，不以其所已能者为足，而尝以其未能者为歉；一日课一日之功，月异而岁不同，孜孜矻矻，死而后已。”

陈亮认为学习者永远不能满足于自己的“已能”，而要力求补上自己的“未能”。“吾生也有涯，而知也无涯”，一个人的生命是有限的，而宇宙是浩瀚无边的。大多数人的一生都困在自己所设定的狭隘局促的“已知”世界中，压根不敢或不能去探索广阔的无知领域。陈亮却清醒地认识到跟无知相比，个人的所能根本就是微不足道的。他最可贵之处就在于勇敢地承认自己的无知，并且抱着一种谦卑的态度，将自己的生命燃烧在求知的路上，使自己获得更多的知、更多的能，追求实学实功。学习需要每日一点一滴积累，一生孜孜不倦，通过量的积累达到质的飞跃。活到老学到老用到老，成为博学多能、通达宇宙万事万物变化的君子、智者。

陈亮对儿童在教育中成长满怀期待，认为儿童本身具有强烈的可塑性，发展前途不可估量。教育作用在孩子身上，就会使他们发生奇妙的变化。教育者要坚持正确的教育手段，不达教育目的就不能轻易停止教育行为的实施。

陈亮本人就是终身教育的践行者，不管生活中经历了多少的苦难与磨炼，他始终不放弃理想，坚持学习。他经受住贫穷、苦难、威吓等种种打击，也抵抗住了物质财富的诱惑，不忘报国初心，牢记家人期待，在学习上永不言止。

工贵其久，业贵其专

“工贵其久，业贵其专”出自《耘斋铭》。这句话，陈亮肯定是跟读书人谈读书事的。因为此铭专门为剡中任氏兄弟所作，为他们的书斋所题。剡中就是现在的绍兴嵊州。

《耘斋铭》原文不长，四言韵句，共128字。

人生而静，动则有迁。非物使之，人心则然。耳目鼻口，实动之权。圣践而圣，贤治而贤。槁木不生，死灰不然。甚活者人，鸢鱼天渊。敬而无失，奉以周旋。喜怒哀乐，又何恶焉，士之于学，农之于田，朝斯夕斯，舍是奚安！去其害苗，则心之偏。耘之又耘，嘉种易捐。不计其收，惧其不虔；不虔不力，误我丰年。工贵其久，业贵其专。凡尔君子，相与勉旃。

它的内容极为丰富，富有启示意义，特别是“工贵其久，业贵其专”之句，表明一种持之以恒、精益求精的态度。

除了读书要有恒心、专心，在做其他事情上同样也需要如此。永康自古土地贫瘠，生产资料贫乏，百姓谋生不易。自宋以来，随着生产力水平的提升，五金手工业逐渐兴隆，永康工匠群体和“行担”风气日渐形成。吃苦耐劳的永康人，在手工艺上坚守“工贵其久，业贵其专”的理念，使其成为地域文化的一部分，诠释了五金工匠精神的内涵。

诗人樵隐曾对《耘斋铭》进行完美翻译：

“与生俱来，人是安静的，一旦行动，就会有所改变。不是外物使他如此这般，人心本来就是这样。耳目口鼻，实为行动的关键。圣人践行天赋禀性则为圣人，贤人加强道德修养则为贤人。枯木不会再长，死灰不会复燃。最有活力的是人，像鸟飞于高天，鱼游于深渊。恪守礼数而不要失掉它，用它可以交际应酬。喜怒哀乐，又有什么可厌恶的呢?士子对于学问，农夫对于田地，早晨忙，晚上亦忙，但舍去这个又如何安身？去掉那有害之苗，那害苗就是心不正。反复地耘田，再美好的禾苗也会容易损坏。不计较它的收成，只恐怕对它不虔诚；不虔诚不努力，又会耽误我的丰年。从事某种技术贵在持之以恒，经营某种事业贵在用心专精。各位君子们啊，咱们互相勉励吧。”

在《耘斋铭》中，陈亮主要表达了三层意思。

第一，强调实践的价值。提出“人生而静，动则有迁”的观点，认为人通过感知认识世界，“圣践而圣，贤治而贤”，只有勇于实践，才能成为“圣贤”之人。实践的观点是事功学派的基本主张，无论是做学问还是做其他事情，都要将理论知识与具体实践紧密结合。读万卷书，行万里路，可以提升一个人的眼界和智慧。

第二，强调人的活力。认为“喜怒哀乐”的欲望，不是恶的，而是一个人的本性。正因为人有了欲望，才有进取之心，有不断获得满足的强大动力。这个观点也是事功学派与心性之学对立的地方，跟“存天理，灭人欲”相比，这个更客观、科学，符合人性的特点。

第三，强调学习要去除邪念。学习就像种田一样，去除心头的害苗，方能让好苗茁壮成长。但不断地耕耘，却会损害好苗。这要把握一个度，要懂得适可而止。这是辩证关系，正如学习上的压力，要恰到好处，不能过大，也不能过小。

八百年先贤遗问震古烁今

“双减”政策实施已一年，据相关部门统计，学生过重的课业负担、校外培训负担均有不同程度减轻，学校教育的主阵地作用明显得到加强，课后服务开展得如火如荼，内容丰富，式样创新，效果显著。

然而，各种“打擦边球”的情况仍有发生，不仅有校外培训的隐形变异，也有一些学校存在违规办班补课现象。

2022年暑假期间，杭州一名52岁教师驾车1398公里，从北向南横穿浙江，动用无人机拍下8所中学违规补课的视频。此新闻一度成为舆论热点。

由此可见，一些家长甚至教育工作者的思维仍未转变，期望以给学生加压来提高其考试成绩，增加升入好学校的人数，各地各校之间暗地较劲，干扰了“双减”政策深入推进。

教育不是为了分数。学校教育所培养的学生应具备能适应终身发展和社会发展所需的综合素质。“核心素养”的提出是为了落实立德树人根本任务，提高教育的国际竞争力，是对应试教育的纠偏。

一个国家在政治、经济、军事、文化、科技等方面的竞争力，尤其是引领社会发展进步的科技创新力，需要强大的教育水平为后盾，需要一大批有爱国情怀、有研究能力、有价值创造力的人才作支撑。

令人遗憾的是，我们在科技方面的基础研究依然薄弱，开发能力依然不足。近些年，热钱一窝蜂地涌入平台经济、共享经济、课外培训等领域，待到泡沫破碎，留下鸡毛一地。

浮躁之风也影响到教育领域，年轻人不能静下心来钻研学问，能坐十年冷板凳的人少之又少。高学历年轻人在择业问题上，缺乏远大志向，哪里赚钱跑哪里。经济增速一旦减缓，街道办事员、城管队员等岗位，只要带机关事业单位编制，都会成为热门选择，不得不让人感叹。

李约瑟之问和钱学森之问至今发人深省，答案或许五花八门，但其核心因素都是人。两人之问，其实都聚焦在人才培养上。

然而，另一位伟大的教育家、思想家，南宋浙东学派的代表陈亮认为“一世之才自足一世之用”，即每一个时代都会出现满足那个时代所需的人才。只是出类拔萃的人物总是有限的，一个人的精力也总是有限的。本来有一批人应该在科技前沿安安静静做学问，却跑去做官，或跑到待遇更高的国外实验室，或不得不花大量时间参加各种应酬活动，那么，这个时代真正做学问的人的数量自然就减少了。

在陈亮之前，关于学校教育的目的，孟子所倡导的是“明人伦”，即明白封建社会认可的“五伦”（父子有亲，君臣有义，夫妇有别，长幼有序，朋友有信），实现途径则为“六艺”（礼、乐、射、御、书、数）。明“五伦”和习“六艺”，使得人人心怀宽广，持正守道，最终天下大治。

陈亮认为，自汉以来，虽历经改朝换代，但学校教育始终是国家头等大事。一旦形势底定，教育就会得到加强，学校也会因此而繁荣。

陈亮所处的南宋，学校制度之完备超过前代，官学与私学都有空前发展。但令陈亮不满的是天下佼佼者聚集在太学、郡学、县学中，培养他们并非为了造福社会，而是为了让他们参加科举考试。

考试，成了从朝廷到地方各级办学的唯一目的。终其身，尽其年，学生学习只为一场考试。学生们的学识怎能增厚？品德怎能养成？长此以往，“三代”办学的目的（明“五伦”）根本无法达到，甚至连强汉盛唐的教育也比不上。

封建时代的学校教育虽说主要是诵经，但希望学生们能从经书中爬梳剔抉，研习历史，探求治国理政的方法。封建教育最终沦为欺世盗名的工具，学生从经书中摘取只言片语，拼凑连缀，应付考试。

直到如今，应试教育的魔咒依然笼罩着中国社会，教育问题引起全社会的内卷，很多学校在实行素质教育还是应试教育面前举棋不定。

从隋代以来，封建学校成为考试工具，而考试成为封建国家选拔官员的工具。历史地看，它具有一定的进步意义，打破了选官大权被门阀世族独占的局面，更广泛地吸收优秀人士进入统治阶层。

科举制在宋、明两代最为完备发达，实行试卷匿名制、八股取士制等，并不断改革优化，对中国学校教育产生了巨大影响。

与陈亮同时代的官员，吏部尚书赵汝愚上奏宋光宗赵惇，说在行都与各郡，各级学校追逐名利成风，忠诚正直之本渐渐丧失。

学生只擅长作应试文章，并无进德修业之志，把学校当作旅馆客邸，把业师当作陌生人，每月一文，每季一考，连道德品行都取决于考试。

于是，陈亮在《问学校之法》中提出了“陈亮之问”：“学校本非所以为课试计，宜若可以一朝而顿变，顾安所取而为之法乎？”

翻译成现代汉语的意思是：设立学校的本来目的，并不是让学生应付科举考试，假如有朝一日，这种情况能有根本性的改变，我们又该采用什么样的方法进行教育？

学生彻底沦为考试工具，课堂沦为考试训练基地，学校偏离立德育人的宗旨，教师无法尽到传道、授业、解惑的责任。

八百多年前，陈亮就已指出：学校的根本目的是培养社会发展所需要的各种人才。“立太学……故士之有文章者、德行者、深于经理者、明于古今者，莫不各得以自奋，盖亦可谓盛矣。”

他所期盼的“顿变”能否在今天实现，要看我辈后人能否继承先贤遗志，强化学校教育的主阵地建设，提高课堂教学质量与课后服务水平，促进优质教育资源流动，给学生们更大的自由成长空间。

随事著功

“随事著功”是事功学派的一种态度。事与功相辅相成，密不可分。不干事，即无功；欲成功，先成事。陈亮认为评价一个人应以事功为标准。“功到成处，便是有德；事到济处，便是有理。”

前些日子，有朋友送我一本书，在扉页上写着“成才比成功更重要”。我思忖“成功”是看得见的东西，可以用金钱、荣誉等来衡量，体现一个人的社会地位与价值。“成才”则指一个人的素质得到提升，实现自身价值。成功，重在社会性评价，成才则指向个人的体验与满足。人们对“才”的考量也要宽泛许多，天才、全才、偏才、怪才、鬼才……这些都是“才”在不同人身上的体现，显然比“成功”的标准、要求要简单许多。

在陈亮眼里，“功”是什么？他胸怀国家与民族，所持论的事功，是大宋王朝的数百年江山基业。他的《上孝宗皇帝第一书》堪称宏论，从中国礼乐文明传统，讲到南北对峙的现实；从南宋王朝的苟且、奢靡之风，讲到国家的政治改革；从地理环境、军事形势，讲到用兵攻防取胜策略，环环相扣，气势磅礴。这些岂是一个小官可以换得的？同样主张“修政事，攘夷狄”的朱熹所提的却是讲学明理、定计养气、任贤修政三条对策。难怪陈亮看不起这帮讲论心性之学的人，认为他们是迂腐的读书人。闭眼沉思，睁眼静修，是无用的功课，不是卓著的事功。

陈亮一生不得志，却在为学、为农、为商上行实事、谋实利、求实功，始终对国家、民族、传统文化怀着深厚感情，自觉担负振兴大任。他曾用金银铜铁制成器物说明材质与实用的关系。材质区分贵贱，器物分派用场。什么材成什么器，什么人做什么功，是有讲究的。铁打的锄头，永远比金锄头更方便锄地；金子制成的首饰，自然比锈迹斑斑的铁片更为光鲜持久。

因材施教是教育的原则；人尽其才，才尽其用，是用人的原则。这些都是被实践检验了无数次的真理，可依然有人装作不懂，或不屑一顾。其目的只有一个，就是要夹带私货。唱高调、喊口号，博取当权者的眼球，捞得往上爬的资本，是取巧的情怀；只顾个人眼前蝇头小利，忽视长远整体利益，是浅薄的功利。不幸的是社会上这样的人实在太多。

有志有为者总将情怀与功利统一起来，他们有着高尚的心境、情趣和胸怀，胸怀高远使命，眼望星空，脚踏实地。功在当下，利在千秋，正是他们的追求。

现行的一些评价制度有很大问题，比如教育考核更强调数据、“成果”，常将活体进行去肉剔骨抽筋的解剖，将温暖的育人变成冰冷的数字，用百分数、指数等量化指标去衡量教育的品质。

教育情怀是无法用仪器去测量，无法用数据去统计的。在评价人的方面，他们往往不以公心为判断，不去等待时间检验，只论关系亲疏，以对自己有用无用为标准。因疏而离，因亲而近；小人得志，君子失意。

随事著功，就是要求踏踏实实地干事，既要低头看路，又要抬头望天。

无论是一个人还是一个国家，并不是所有时间都是有效的，正像一条河流，并不是所有段落都朝着同一方向，其中必有曲曲折折，回环往复。人的一生所经历的绝大多数时间都是默默无闻的“垃圾时间”，只有在阳光从阴云的缝隙中漏下一道金光，恰巧照到你身上的那一刻，你才是耀眼闪光的。而那一瞬间，稍纵即逝。

劳动教育，体验比仪式更重要

从秋季学期开始，劳动教育从综合实践活动中分离出来，成为义务教育学校的一门独立课程。这必将更科学规范、扎实有效地推动实施作为“五育”有机组成部分的劳动教育，从而积极促进学生劳动观念、劳动能力、劳动习惯、劳动品质和劳动精神的养成。

前不久，我欣喜地看到劳动教育已经成为“开学第一课”的重要内容。如有的学校在开学第一天，让学生穿越披红挂彩的“劳动门”，感受劳动最光荣；有的学校邀请模范匠人为师生领讲“开学第一课”，学习工匠精神。许多学校正努力创造氛围与条件，推进实施劳动教育课程。

有一所学校，在开学典礼的那会儿，校长一声令下，让师生直接蹲下去，干起来，将自己身边一平方米左右的草坪上的杂草拔除干净。

有的学校准备设立“劳动节”，将其与科技节、艺术节、体育节、阅读节一起做成学校特色。学校搞农耕文化展览，让学生认识各种瓜果蔬菜的果实与种子；让学生观察从农民那儿收集起来的老旧农具，了解传统农业生产知识；让学生亲手学做地方特色小吃，品尝劳动成果。劳动教育，学校真是用心、尽心在做的。

应该说，这些设计都充满着劳动的仪式感与体验感，特别是“劳动节”的设计，对于学习任务群的课程理念把握得也较准确。可以想见彼时的校园一定热闹非凡。学生们像过年节一样美美地体验一把，看到许多平时见不到的东西，了解许多前所未闻的农耕文化知识，美滋滋地享受或亲手制作的各种小吃。学校、教师、家长的美篇也一定美不胜收。当然在这上面花的人力、物力、财力也会更多一些。

而“拔草”仿佛啥也不用准备，顶多不过每人发一双防护手套。师生们动起手，用点力，出些汗，简简单单就将草坪弄得清清爽爽。不光成果立马可见，还能为学校节省几十个杂草清理劳力的费用支出，可谓一举多得。

当然，开学典礼上的许多做法，只是表达重视劳动教育的一种姿态与导向。

真正的劳动教育，学校还得老老实实按照课程标准要求，扎扎实实地推进。劳动教育作为“五育”并举的内容之一，不仅具有自身独特的价值魅力，还可以“树德、增智、强体、育美”，成为其他“四育”的推力。

劳动创造了人本身，使人根本区别于动物，获得属于人的特殊秉性。劳动创造了物质财富和精神财富，创造了人类社会的美好生活。

学校的劳动教育，就是要让学生在日常生活劳动、生产劳动和服务性劳动中，动手实践，出力流汗，接受锻炼，磨炼意志。学生体验真实情境中的劳动，享受劳动过程以及创造价值。在这个意义上，劳动教育的体验感肯定比仪式感更为重要。因为学校劳动教育的最终目的是让学生通过劳动成为具有良好品行、聪明才智、强健体力、美好情趣以及脑力与体力协调发展的劳动者与创造者。

如“五育”当中智育之苗独大，“唯分数”论英雄，就像陈亮所言：“如元气偏注一肢，其他肢体往往萎枯而不自觉矣，则其所谓一肢者，又何恃而能久存哉？”随着花瓣一片片地枯萎，整朵花也就失去了美丽，少年之花必难结丰硕之果。国家与人的生存、发展都应有整体思维。教育也是如此。

生活即教育

“道之在天下，平施于日用之间”“与生俱生”“既流之情，易发之言”，这是陈亮在《〈诗经〉发题》中所表达的观点。作为唯物主义教育家，陈亮认为世界是物质的，任何事物都有它的生存发展之道。要探究这千变万化的“道”，就要依据事物，从万事万物中抽引出客观规律。

道在物中。其中的“道”不是形而上的精神本体，不是看不见摸不着的东西。它存在于日常生活，伴随着生命成长过程，人可以去感知它，并流露于情感，畅发于声音。人在感知世界时是带着主观情感和价值判断的。

教育就是一切从实际出发，基于生活，让学生感受、发现生活之道，又从中获取引领生活所需的不断向前向上的精神力量。作为教师，在实施教育之时，要让学生沉浸于生活并不断完善自身。

什么是沉浸式生活？我想到一种词语关系，或一种语境，比如“沉浸于回忆”“沉浸于幸福”。“沉浸”是全身心地投入，就像一条鱼活在水里，生命不止，吞咽不止，运动不止。

人超过鱼的地方在于思想。活在当下的人们，能够总结过去，憧憬未来。教师超越其他人的地方，在于度人度己。换句话说，教师是在帮助别人成长的过程中，实现自身的价值，获得自身的成长。这份工作不仅仅是谋生手段，更是播撒火种、塑造心灵的事业。正因为如此，它被认为是“太阳底下最光辉的职业”。

如何实现让学生沉浸于生活？我们要学习陶行知。生活即教育。教育来源于生活，教育要依靠生活，改造生活。社会即学校，社会本身是一所大学校，教育要依靠社会力量，从社会需要出发。教学做合一，在生活中的教法、学法、做法是不可分割的。事情是怎样做的，学生就应该怎样学；学生是怎样学的，教师就应该怎样教。教法和学法都来源于做法，统一于做法。

教师自己也要沉浸于生活。教育工作肯定不是教师生活的全部，但教师的日常生活处处可以是教育之“道”。有追求的教师，一定能从简单平凡的生活中获得启示，从中寻找有价值的教育资源，作为不竭的教育动力。随着“五育”并举政策的落实，艺术教育、体育以及劳动教育受到重视。校外研学活动如火如荼，义务教育段学校课后托管服务普遍开展。一些学校让家长为学生在家的学习、锻炼与家务劳动打卡。教师，特别是班主任，为学生校里校外的发展操足了心。

从这个意义上，教育已经渗透师生的日常生活。生活成为一个放大的课堂，一切皆教育。教育不仅是“日系”的，需日复一日地去维系、去巩固，不断得到积累与提升；教育还是“德系”的，以德性育德性，以真善美召唤对真善美的追求。唯有将教育沉浸于生活的教师，才能实现教育生涯的不断完善。

沉寂也是一种美

陈亮在多篇文章中说到自己的“陆沉”，比如在《复黄伯起》中“又念亮陆沉不为世所比数”。“陆沉”即隐居之意。在陈亮的一生中，除了被周葵带到京城的那些“高光”日子，其余时间他基本蛰居家乡为士、为农、为商。特别是作为教育家的贡献，可圈可点。

在《复黄伯起》一文中，陈亮提到“昔之君子生于斯世也，有三：其上，则以先知觉后知，以先觉觉后觉；其次，则守先王之道以待后之学者；又其次，则淑其徒以及其乡闾”。陈亮认为“君子”退其次求之的事情无非是“淑其徒以及其乡闾”，这也是陈亮在“陆沉”家乡期间，读书、教书、著述的“君子”追求。“淑”就是清净、美好的意思。从这个意义上来说，陈亮所做的事业自然比许多尸位素餐、沐猴而冠的人要高尚许多。

人是群居动物，从本性上讲，都是喜欢热闹、不甘寂寞的，希望出人头地，愿意被人记住。即便是甘于清静无为者如老子，在骑青牛出关之前，也被留下了洋洋洒洒的五千字，传于后世。否则，他就不可能被奉于道庙，化身为尽享千年烟火的“太上老君”，我们更不知道他“清静无为”的主张。那些藏身于大山的隐士，也只有将自己的才情心志用诗文表达出来，才为世人所知晓。真正的隐逸诗人是不写诗的，他们把自己像青苔一样依附在老树根上。

陈亮的“陆沉”是相对于朱熹、吕祖谦、陈傅良、陆九渊等先后登上黄榜的名人而言，他的言行其实是张扬的，甚至许多人都以为他是过分张扬的。而我们——大多数人的一生，都是平淡无奇的，都在默默无闻地在自己的工作岗位上勤勉工作，拿着一份微薄的工资。

平凡的人，在毫不起眼的日常工作中实现着自己的价值。“价值”被赋予的含义是千差万别的。

陈亮说人生就是要活得“是一个人”。“是一个人”是一个人活着的最基本的权利与姿态。我们自己吃饭，自己走路，自己说话，高兴时甚至还能给自己唱一首歌。我们还可以尽自己所能，为他人与社会干点事，干点对得起良心的事，干点不伤天害理的事。

作为教师群体，我们又不是简单的“是一个人”。我们的价值在于以自己的灵魂塑造一群人的灵魂，立德育人，爝火不息。教育领域存在太多短时内无法验证、无法量化、无法比较的东西，最好的评价体系也无法穿越未来，评估一个人，评估今天的育人成果。现实的考绩观，往往诱人以名利，引人以上位。强大的指向性，使人勃然、轰然，于是大开大合，大拆大建。学校荣誉墙上挂着的往往是从这里走出去的高官、富豪、名流的照片与事迹。趋同世俗，导向肤浅，这就是人世间最真实的功利。当然，绝大多数教师与名利是无缘的。他们只在自己的岗位上潜心教书，静心育人，视培养学生成为勤奋、善良、健全的人为工作乐趣。

教育的眼睛是向下的，意味着教师要将注意力更多地分配给那些不显山、不露水甚至有可能把路走偏的孩子。

塔基最重，也处于最下。教育之功，在于内心。我们所倡导的应是内心平静，自我修为。沉寂的人生是一种美，让我们守住内心之美，关注身边之美。

堆砌的教育人生

过去与现在有着许多不一样的地方。比如以前的职业，人们往往一干就是一辈子。木匠、篾匠、铁匠，从小学徒开始，一直做到老匠人，最后将手艺带进泥土里。一些匠户，甚至几代传承着一门手艺，祖孙守着一个作坊、一个店铺，延续数百年。到了现在，家族传承、师徒制度逐渐消失了。

在科举时代，那些考不上功名的书生为了生活之计，往往选择一边教书，一边诵读经书准备着三年之后的考试。宋濂、蒲松龄都在私塾教过书，结局却不一样。有人完成由读书人向朝臣的蜕变，有人则落魄一生，一辈子做孩子王。陈亮短暂的人生中，就有二十多年的时间是在家乡教书，编教材写讲义，指导学生写作。一面关注时局变化，思考兴国安邦策略。在备考、落败、上书、入狱，跌宕起伏的人生中，陈亮一直不忘寻找报国机会。那些经邦济世的思想都是在几十年的日积月累中用文字堆砌出来的。

在我身边也有这样的教师，每天坚持写作，零零碎碎，一年下来堆砌出十几万字，编印成一本书留给自己，也将快乐分享给朋友。

教育这些事，教师们往往都会有相似的经历，每个人的感受并不一样，写出来的东西自然各有千秋。久而久之，所有的经历都成为教师个人的故事，美好的回忆，一生宝贵的财富。

这份坚持是需要勇气的。写作必然要记录事实，表达观点。当写作成为一种公共表达时，事实就会涉及旁人，观点可能与人相左，在不经意间就会得罪别人，甚至可能会让流俗和权威嘲笑。这时候，你会面临某种想不到的压力，更需要一种强大的内心。

许多年之前，我喜欢写点小杂感，偶尔发表在本地报纸上。有同事会开玩笑地说我是做“豆腐干”。在师范读书时，食堂卖菜的窗口上挂着一块写菜名的小黑板。他们将我家乡制作的“豆腐干”称为“永康干”，长条块状，带着烟熏火燎的味道。如果说文章写的是人间烟火味，我倒十分赞同这种说法。这些年纸媒经营不易，杂感时文已无去处，稿费也差不多二十年没涨。当年的文友，现在许多已另觅高枝，真正坚持非功利写作的已经很少。教师如果能在繁重的教学工作之余坚持写作，那是应该支持鼓励的。并不是所有的校领导都有这样的认识，一些人甚至不喜欢能独立思考的教师。

《浙江教育报》办有一个《教师周刊》的副刊。编辑池沙洲是个有心人，在他的版面上，有个《我有一招》的栏目，已经做了很多年。许多一线教师在这里施展过真拳实腿，这比一些“砖家”的花拳绣腿更见功夫。池编从中挑选一些富有智慧启迪的案例，编成一本叫《师匠之美》的书。师爱、匠心所构成的美好的文字，立足课堂，亲近师生，散发着一种阳光下的花露馨香。

教师坚持日常写作，能够充实生活，丰富精神，完善自我。教师不仅要善于在课堂之上与文本对话、与学生对话，也要善于在课堂之外与时间对话、与思想碰撞。善于总结自己的教学经验、学习反思，进行描述性、概括性写作，尝试教育叙事、教学论文、课题研究，从新手慢慢变成专家。

在教育教学岗位上，有的是实践，如果缺少情怀，这样的实践最多只是一些砖头、砂石。有了情怀，心中自然就有宏伟规划，能够将这些材料变成摩天大楼。要实现这一梦想，我们就需要读写，汲取别人的经验，用理论支撑自己的写作。将零零碎碎的教育教学随想变成一种理念，一种智慧。在这条路上，充满热爱地、不厌其烦地、坚持不懈地走下去，体验唯有亲历者才有的乐趣。

“耘耔不虔，嘉种不达”

陈亮在《广惠王祈雨文》中说“耘耔不虔，嘉种不达”，在《耘斋铭》中说“耘之又耘，嘉种易捐”。两句话的语境不同，用法不同，但将它们联系起来，可以比较完整地理解陈亮所要表达的意思。

“耘耔”指的是一种耘稻田的方法，这种方法须以一手扶着木棍做成的拐，叫作“植杖”。用双脚在稻田间左右前后移动，以去草扶泥。在水稻生长过程中，除草与培土护苗是很要紧的事情。“耘耔”的力度与频度是有讲究的，轻描淡写，杂草除不尽；狂野跌宕，又摇动了水稻的根基。杂草要除，稻苗要护，既是力气活，又是技巧活。光是反复除草，即使是好苗子也很容易受损。

家长将孩子送到学校时，他们总觉得那就是一株“嘉种”，因此教师们在“耘耔”之时，千万要虔诚。

面对眼前每一棵特殊的苗子，听着教育专家“没有教不好的学生，只有不会教的教师”的训导，做教师的要想的、要做的应该是什么？

我以为就是陈亮的这八个字："耘耔不虔，嘉种不达"。这个"嘉种"不局限于天然的，更是教师们所要培育的。

精心耕耘吧，既要虔诚，又要掌握分寸，育人的效率、效益、效果才能最大化。

对于教育教学工作的考核是最折腾人的。学校与教师必须围绕着评价考核转，在"既要……又要……"文章上绞尽脑汁，或成无头苍蝇，或为热锅蚂蚁。

从应试教育向素质教育的转变讲了几十年，"双减"推进也有一段时间。关于教育的评价制度与体系改革一直在深化、在完善。

对于学校办学水平的评价，内容庞杂：党的建设、队伍建设、学校文化、育人模式、课程建设、德育、教学、体艺、安全、卫健等。形式多样：有综合性的、专项性的，过程性的、终结性的，结论式的、指导式的，材料型的、现场型的、材料与现场相结合型的，等等。学校内部也有一整套评价体系，体现为各项考核制度、分配方案。

不论何种考核评价，结果运用都是关键，其实质是"切蛋糕""分蛋糕"。谁主导，用什么样的程序与办法，就可能导致不一样的结果。最受伤害的莫过于给你的"蛋糕"最少，还要说你最不好。因此大多数人还是认为考试成绩、升学率最靠谱，相比较最客观、公正。这也是扭转"唯升学率"的难点所在。

如何评价教育施加于个体的成效，简单地讲是看教育能使个人获得多少的正向转变，这无疑是最具利害关系的。教育在个体身上的价值实现，有看得见的，比如分数、排名、证书、学业水平程度、考取学校层级等；也有看不见的，比如能力、努力、激情、善良、喜欢等。看得见的东西，我们称之为"成功"，也就是容易招致"羡慕、嫉妒、恨”的东西；看不见的东西，我们姑且称之为“成全”，所含蕴的则是“自由、创造、爱”。

从社会对教育的评价看，不论什么体系、指标，能测的永远是看得见的部分。从这个意义上看，评价改革有多难！变来变去，往往就变成了折腾，而且是反复来回折腾。看不见的东西，怎么测？让自己去测，本人往往就是最好的评价者、受益者。让时间去测，看不到的东西慢慢地就会变成看得见的东西。教育最根本的一点，就是激发学习者的内生力，让学习成为一种内在要求，实现学习者的自主发展、自我负责。

那么学校教育需要做些什么？就要做潜在的功夫。以立德树人为第一要务，做铺垫、打基础、利长远，追求一个人的人格完善、自我实现、终身发展。

比如一所普通中小学在全部学生中推进某项竞技运动（足球、羽毛球或其他）好不好？肯定不好。要做的是让每一个体养成健康理念，养成锻炼习惯，能够自主选择适合的运动方式。

“功成不必在我”。如果幼儿园急着看到成功，小学急着看到成功，中学急着看到成功，都会揠苗助长。学校的行政领导是有任职期限的，他们如果着急，就会竭泽而渔，产生不良后果。如要从受教育者的一生考虑，都不能着急。一生从容也就是最好的人生。教育的成功，往往需要的只是自证、心证。

“破五唯”是对人才评价的变革，“双减”是对学习方式的变革。“教育生态监测”试图改变的是教育环境。这些东西的效果，也只有经历多年，才看得见。其实最慢的也是最快的。如果在“双减”中，激发学习动力，引导个性发展，就能达到“不教之教”的效果。

少一些控制欲

“得天下英才而教育之”，是一种理想的君子之乐。从人类智力分布情况看，教育者面前的对象则未必尽为“英才”，这也是一种现实。

人们各自的认知，在大多数情况下是无法相通的。这也是一些磨合了几十年的老夫老妻，最终也会选择离婚的原因之一。

同一受教育者，于家长是孩子，于教师为学生。身份角色不同，决定着理解与对待方式也不一样。孩子是家长的心头肉，是宝贝。在学校里，教师则聚之以群，分之以类。点金术只是一种传说，教师能做的最多也只是将珠玉与顽石分别打磨。玉石加工自有一整套的工艺、流程以及鉴别的标准。家校之间在同一个人的思想行为、学业水平的判断上各有侧重，教师之间的道德境界、业务水平也有高低。

这几乎是家校矛盾的起点。家长说，我送到学校的都是有鼻子、有眼的孩子，你们却给弄得流鼻涕、流眼泪了。

专家会说那是学校教育不对路，需要改革，应该实施愉快教育。大家笑嘻嘻地上学，乐呵呵地回家。幼儿园行，小学尚可，到了中学还是行不通。大家以为教师的功夫不足以将璞玉琢成精美的艺术品。社会办班应运而生，培优的、补差的、竞技的，热热闹闹，于是学生的负担也就加重了。

人的禀性千差万别，要教育他行为规范、学习专注、作业不拖拉。家长面对一两个孩子，已是鸡飞狗跳；教师面对几十、上百个学生，你说这行有多难？

好教师需要有着马尔克斯在《霍乱时期的爱情》里所说的“矿石般的耐心”。等待应该是优秀教师的绝活。等待最佳的教育时机，等待学生自觉自悟。老农民说，四季果蔬，顺时而种，应时而收。

人类是一种喜欢控制的动物。学校给师生目标、任务、流程、方法，也是控制的一种。控制的有效实现，在于双方取得一致性。强势的一方往往想要另一方“配合”，受控制的一方却想着反制。师生关系就会变为一种敌对的交战关系，这或许就是聪明的优等生看不起教师的原因。老师的那点小伎俩，他们一眼就看穿了，就是懒得理你。这如何要好学生配合？

陈亮的课堂是民主的、自由的、共学共进的。师生们经常就现实发生的问题进行广泛讨论。陈亮经常抛出话题，然后介绍历史上的情况，三代如何、汉唐如何，再谈自己的看法，接着引导学生发散思维，展开讨论，提出解决问题的措施与办法。这种教学方法，直接促进学生关注现实、关注问题的解决，进而促进学生的辩证思维。

优秀的教师在课堂上所想的，一定不是牵着学生跟自己、课程、教材走。他始终会先让自己变得更好，不断去除粗陋，温润情感，平和心态。

无论在社会关系还是课堂关系中，最蠢的做法就是试图去修改一个人，加工一个人，塑化一个人。

师生之间的关系可以是引领，可以是同行，也可以是相依互信。因为学生身上有许多东西，远在教师控制之外。如果他们开始不满，开始反抗，那么原来你以为是最有把握控制的东西，都会变得无法把握。一旦出现信任危机，在你眼里，学生就会成为一种失控的危险品。这时候，你就会变成一个最危险的火药桶，随时都有燃爆的危险。

教育是种慢艺术，着急往往缘于过度的控制与控制的失败。因为着急与焦虑，教育者往往就会去摧残受教对象，代替他们思考，代替他们选择，使他们失去独立解决问题的机会。

教育之法，在于启发、呵护学生的自我生长、自主成长，而不是简单的“听我话”“跟我走”。

历经劫难，方成正果

我们感受幸福时，不幸往往已在来的路上；我们身陷不幸的泥淖之中，幸福正在伸出美丽的小手。托尔斯泰说，幸福的家庭个个相似，不幸的家庭各不相同。作为群体性动物，家庭与事业几乎集中了人世间大多数的幸与不幸。

各种不幸（特别是他人的不幸）往往是日常生活的谈资与文学创作的素材。幸福呢？有时是真实可感的，有时又是捉摸不定的。

当幸福成为话题时，我们开始谈论它，是因为渴望得到，还是已经拥有？至少，人生能找到一个可以谈论幸福的人，一定是一种幸福的体验。

幸福是一种境遇，与时、命、运紧密相随。我常常有一个古怪的想法：在现实巨大的场域面前，背运的人再努力，也无法过上幸福生活。正如老舍《骆驼祥子》中的祥子，“车”是贯穿他一生的噩梦，“买车”“丢车”，最后不光是爱人、老婆，连自己都丢了。如今的高房价，自然也给许多年轻人的幸福空间限制了长度、宽度以及高度。

关于幸福，描述它的指标与语言一定有很多。讨论教师的幸福，它必然始于职业，终于事业。

教书是一种谋生手段。这些年，教师的收入水平有了较大提高。特别是新冠疫情暴发以来，经济运行的阻力比较大，一些原来高收入的行业突然不行了，教师职业的稳定性顿时突显出来。至少这两年师范院校的录取分数是越来越高了。

作为一种职业，教师的幸福感始终是与学生联系在一起的。师生关系是构成教师幸福指数的关键因素。在学生将老师挂上牌子、戴上高帽，拉到街头游行的年代，教师肯定是最不幸福的。

教师要实现真正的幸福，必然正视自己的内心，丰满自己，充实自己。如果说境遇是一种外部状态，境界则是一种精神追求。教师的幸福就是外部改善与内心修为的结果，这不是一种脱离尘世的修行。职业决定着教师必然存在于红尘俗世，而且担负着普度众生之责，要有“我不入地狱，谁入地狱”的胸怀。

叶适在《龙川文集》的序中写道：“使同甫晚不登进士第，则世终以为狼疾人矣。”意思是说如果陈亮不在晚年考中状元，那么世人最终都认为他只是个“狼疾人”。“狼疾人”之语出自《孟子·告子上》：“养其一指而失其肩背而不知也，则为狼疾人也。”它的意思是说医家只知道医养病人的一根指头，却不知医养他的肩背，如果一个人只关注局部问题，而不会关注整体问题，这样的人是个昏乱的人。狼疾，同“狼藉”，意为昏乱。

叶适的话是假设，也是事实，反映了当时统治阶层对陈亮言行的普遍不认可、不理解。他们认为陈亮是个偏执、狂妄之人，一根筋地坚持恢复中原的论调，不理解朝廷上下忍辱负重为息兵和解所做的种种努力。

从这个意义上看，陈亮确实狂，是“狼疾人”。陈亮自信地认为自己是“人龙文虎”，是能够开创国家百年基业的英雄人物。如果只是用自己的聪明才智去博取一官一职，他是不屑的。他也不屑与一班表面上一团和气、暗地里争权夺利的官员为伍。他只欣赏那些自身处于饥寒交迫之中，为庸人所不屑之境，仍对天下大事牵肠挂肚的英雄豪杰。这些英豪为了国家、民族的利益，会不顾礼法、不计个人得失地去据理力争，甚至不惜以生命为代价去捍卫。陈亮对这样的人极其景仰、崇拜，自己也正积极践行着。

陈亮在晚年登进士第，说明他的言行得到了最高统治者的肯定。那些表里不一的官员，自然是一以贯之地坚持着政治正确，对陈亮的评判自然也就随着皇帝的态度而转变风向。这或许是叶适说这番话的苍凉语境。

教师是个很磨人的行业。我们刚踏上讲台之时，脸上写满青春；我们送走一届届的学生之后，脸上刻上一道又一道的沧桑。

没有经历岁月风雨的摧残，就不会有成长。每一位优秀教师必定经历过更多挣扎之后的自我超越，更多反思之后的破茧成蝶，更多“摧残”之后的从容淡定。

这种“摧残”是一种自我熔炼，是对外界风霜的一种回应。外力所给予打击、否定与奚落，肆意地摧残，是一种反人性之恶。在专制社会，知识分子没有独立性，所谓“皮之不存，毛将焉附”，或在“天地君亲师”之列，或在“老九”之位。寡君与独夫鼓吹愚昧、盲从，打击启蒙、开智。

花凋零与果满枝，是两种截然不同的场景，却又相承相因。追求绚烂经久的，往往结不成果；结硕果的，总是花期匆匆。饱受“摧残”之师的状态，不是满脸疲倦，身心交瘁，而是在教育生涯中经受长年的磨砺而懂得节制、包容与从容。

因为有了稳定的爱与成熟的美，步履与面容都散发着知性、高傲与优雅。因为优秀的教师早已超越了算计与功利。一旦被功利诱入歧途，必为荣誉、地位与金钱斤斤计较。很遗憾的是，挂在驴唇边上的常是帽子、位子与票子。

这样出来的所谓“名师”，就是名利之师，而不是以“致良知”为己任的“明师”。“师之大者”，堂堂正正地做明白人，行明白事，教明白书，如一棵树摇动一片树林，如一朵云唤醒一方土地，成就他人，成全他人。“衣带渐宽终不悔，为伊消得人憔悴”。

风雨之后，偶有彩虹，那是虚幻之象，不可信。晴天总是有的，太阳照常升起。经历风霜之后，草木大多枯黄衰落，松柏常绿不凋。为明师，不被外物摧残，只为内心磨砺。如此，方能更强大、更完美，也更优雅。

教师所从事的是指向未来的工作。未来的趣味，未来的格局，由下一代来创造。教师影响着下一代的趣味与格局，教师在塑造自己的同时，也在塑造着学生。

什么样的教育是美好的

陈亮教育思想的核心是“成人”，就是要把人当人看，把人培养成一个人。这句话看似简单，却曾经引起当时理学大师与事功学大师的旷世之辩。

并不是所有的教育都是好的，都是传播真善美的。正像书一样，有的是迷魂药，有的是醒醉汤。教育的好坏，要看它是否适应并推动社会的进步，是否有利于培养促进人的全面发展。美好的教育，应该是有趣、有效、有意义的。

有趣，就是教师对于课堂内容、气氛拿捏得准，能够吸引学生，让他们喜欢。比如表扬与赞美人人喜欢，但套路式的赏识则让人厌烦。有同事跟我说起，现在连小学生都不待见“你真棒”式的空洞无物的表扬了。表扬一个人一定要真诚，要恰到好处。有的老师在课堂上对学生的回答，甚至是认为不合适的回答缺乏有针对性的回应，往往只是一句“好的”。在这里“好”字犹如一个句号，断了学生期待，也断了一次教育机会。赏识学生，是知道他的好，给予精准肯定，让他更好。不加辨别的赞扬，不是欣赏，不是明察，而是对自己与别人智商的亵渎，是有罪的。

有效，就是教育效果可以让师生都感觉向好的方向发展。比如在批评上，教师的呵斥与强制只会向学生传递自己的“无能”与“失败”。哪怕是自以为是正能量满满的言语说教，教师的声调与体态，都可能出卖内心，让学生感到是一种嫌弃与放弃。有效的批评，教师用柔和、轻快的声调，表达出期待与希望，让学生产生动力，并获得克服压力与应对挑战之后的满足感。教师外表柔软是因为他有一颗同样柔软的内心。柔软并不是柔弱，它的能量胜过表面上的强悍、无畏与蔑视。

有意义，就是教育能促进生命成长。人的成长主要靠自觉自悟，教师的意义在于唤醒、点燃、推动。美好的教育在于接纳、包容、浸润、融化、滋养，它的反面则是生硬、驱迫、强摁、灌输。不把学生当作成长中的生命的教育，带着高高在上的施舍滋味，透露着强烈的私心己欲。美好的教育是柔软的，代表着智、善、美。它没有私心，只为了让每一个生命都能绽放，活出自身的极限。

有一种坏往往是以“为了你好”的面目出现。那个说要保护你，而收你保护费的人，往往是离你最近的恶棍。美好的教育总是柔软的，它不可能强灌你一碗名为“心灵鸡汤”的砒霜。

慢一拍，又何妨

陈亮与吕祖谦、陈傅良、叶适，皆为志同道合的好友。陈亮二十岁时与吕“同试漕台”，“自负不在伯恭后”。隆兴元年（1163），吕祖谦进士及第，多年之后，“伯恭遂以道德为一世师表”，陈亮自嘲“陆沉残破，行不足以自见于乡闾，文不足以自奋于场屋”，偶尔才有死灰复燃之感。陈傅良与陈亮，乾道六年（1170）在太学，为芮晔门人，“二陈”名重京城临安。乾道八年（1172），陈傅良中了探花。陈亮回乡居永康龙窟，下帷授业。叶适在乾道四年（1168）离开乐清，游学婺州，结识陈亮，成为好友。淳熙五年（1178），叶适中了榜眼。陈亮的科举路比较坎坷，直到绍熙四年（1193），才被宋光宗亲擢为状元。此时的他已是五十一岁，在给光宗《谢恩诗》里依然高亢地表达自己的心愿：“复仇自是平生志，勿谓儒臣鬓发苍。”

此三子都比陈亮早得功名，陈亮所经历的苦难与磨砺也最多。如果四子的功绩放在历史的长河里比较，慢一拍，又何妨？

《学记》中提到“凡学之道，严师为难。师严然后道尊，道尊然后民知敬学”，在中国传统的教育观念中，崇尚学道，须要师严。所谓“严师出高徒”，成为社会各界的共识。正如在我小时候，同学的父母总会对老师说“要严格，该打打，该骂骂”。那时老师对不听话的学生也确实是这样的。

所谓的“严师”更是在学习上抓得紧，以为这样学生就学得扎实。我总结了下，教育界无外乎有“三紧”：内容紧、时间紧、安排紧。教学安排完全以考试为中心，不考的不教，重点考的重点教。将原来的课程安排完全打乱，初二、高二时就将整个学段的课程都学完，最后一年全用于一轮一轮地复习。平时五日压缩睡觉时间不说，周末两天也用来上课。学科连着学科，环节接着环节，上课、练习、检测一条龙。这样安排自然是紧的，但学生学得累，身体垮了，精神垮了，整个国家的创新能力都跟着垮了。

后来“严师”不招人待见了，这句话又变成“名师出高徒”。各级名师是越评越多，结果是空谈的理论家渐渐多起来。于是社会上又起来一些说法，比如要“明师”不要“名师”。如果不能促进学生发展，理念再先进也是白搭。毕竟，不管是严师，还是名师，抑或是明师，人才的成长自有它内在的规律。如果不是出老千，要多快好省地出人才，几乎是没有可能的。

在教育问题上，细作慢活自有它的好处。慢出细活，慢出艺术。教育就是一个等待的过程，我们要等受教育者自身的觉悟，在他们“知其所以然”之后，学习理解会更深刻，知识掌握会更扎实。

人生本来就是一场缺憾的戏剧，因为没有后悔药，不能走回头路。匆匆行路，草率收场，造成的遗憾可能会更多一点。何不将行程放慢一点，将岁月打磨得精细一点?

作为教师，对待学生的无知与过错也要更宽容一点。因为教师本身的认知都是有限的，更何况是懵懵懂懂的学生。教育者不急不躁，受教育者便有时间去反刍、消化，领受、感悟。

当大人们开始固执己见时，也就离愚蠢不远。罗素曾说，人生而无知，但并不愚蠢，是教育使人愚蠢。这句话教师听来也许觉得很是刺耳，不仅不舒服，也不赞成。的确，没有教育，科技与人文之光就无法代代相传。我们远观近看人类的文明史，根本不是直线上升的，其中有停滞，有倒退，有毁灭。许多的灾难是人为的，甚至是那些绝顶聪明的人士所设计的。是什么让他们失去理性的光辉？往往就是固执。当固执与固执的强人碰在一起，往往就会制造人间悲剧。作为个体的人之幸与不幸，全看你所经历的是哪几段。反思教育，确实正如顾明远反复说的那样，存在着大量的"反教育行为"，使得教育者本身一直处在迷糊中。这或许就是罗素的本义。

作为一般的个体，我们不存在先知先觉的条件。我们都是从婴儿变成老头老太，而不是相反。我们从无知中过来，当我们回首过去时，无知并不可怕。掩饰无知，却是可耻。普通人只有站在巨人的肩上，才能看得远些。人们常常活在成见中，并将其传给下一代。放慢自己的脚步，是为了更好地反思自己，看清自己。记得那个旧猴群暴打新猴子的实验吗？人就是这样变愚蠢的。

教师最需要不断学习与反思，而不是圈圈绕绕。用确定去应对确定，是合适的；用确定去应对不确定，先要等它澄一澄，清了方可下手；如果用不确定去应对不确定，那是冒险，不叫教育。

虽有丰富的教育经验，有许多教育技巧，但教师所面对的每一个教育现场依然是全新的。慢一拍反应，让受教者自己先去反应、反思，可能是最恰当的。

教育的“应然”与“实然”

忘了谁和我说，“应然”与“实然”已然成了流行语。到底是什么原因，我自然也不清楚，这几年总会有一些词突然间就流行了。但这两个词似乎一般是用在学术上的，要真流行还是有些难的。

如果从教育督导评估的角度看，它们就是期望值与实现值的关系。“应然”就是“应该的样子”，是基于理性的判断，就是一种对于未来的期待。“实然”就是“实际的样子”，它总会与理想或期待有些差距。

宋太祖希望手握重兵的功臣们不要有进取之心，以避免黄袍加身之戏重演。高级将领们自然情商很高，对“权酒释兵杯”心领神会，且去声色犬马，腐朽堕落，不问朝政。到了高宗时代，岳飞却参悟不透，自以为练出强悍的“岳家军”就可以卫国保疆。殊不知帝王最担心的是边将做强坐大，在外不听君命。

陈亮认为帝王应有的样子是“厉志复仇足以对天命，笃于仁爱足以结民心”，实际上他们很是贪恋安逸，不思进取。

个人的理想与社会的要求、他人的期望之间总会有差距。个人的理想或大或小、或远或近，有时很坚定，有时又容易如玻璃一样被轻易击碎。来自外界的期待，有人希望你“一天天好起来”，有人则可能诅咒你“一天天坏下去”。

期望应该基于理性判断，立足于社会现实。理想契合现实，就叫功成名就。理想无法实现，只能调低目标。那种不切合实际的理想，叫作好高骛远。教师的个人理想，对学生的期许，都应有根基，有小步前进计划。优秀的教师总与学生互相成就，在远大理想的召唤与引领下，教师方能走得更远、更笃定、更坚实。

“精神”与“神经”这两个词，在词典里的意义是完全不同的，但如果后面都加一个“病”字，至少在我们的口头语中，大体意思却是相同的。正像西方的某些哲学研究，比如弗洛伊德的精神分析，就是从人的病态切入的。

不同的教育，造就不同的人生。有的教育让人获得自由和解放，从而拥有自由创造的人生；有的教育则使人受到束缚和压制。我们所要思考的是，作为教育的起点不再是给学生什么样的教育，而是我们能给学生怎样的人生。站在人生的角度去思考问题，我们就不会被“分数”折磨成病态。如果一种教育未能触及人的灵魂，未能引起人的灵魂深处的变革，它就不成其为教育。假如总是围绕分数打转，我们如何对得起“人类灵魂工程师”这个光荣的称谓？

真正的好教育，是能够让学生自由呼吸，且呼吸自在自如的教育。一旦我们的教育以剥夺学生的自由呼吸权为己任，那会是怎样的“教育”？我以为教师的任务是帮助学生实现自主、健康呼吸的目标，除此无他。

或许这些就是教育的“应然”。教育的“实然”呢？就是我们天天正在面对的东西。我们的学生以及他们的生长空间，所有的一切都是繁杂的、具体的。很多问题必须依靠教师独自去解决，尤其是当一个个不同的学生站在我们面前时，没有一本著作、教材或者手册能够解决这些具体个人的具体问题，并且解决的过程需要极大的耐心。

我们需要开掘自身生长的源泉，摆脱对外界的依赖，转而深深沉浸于寂寞之中，以此使生命的根基获得自我生长的能量，做一个有“生命自觉”的教师。“生命自觉”体现在教师对待自我生命、他人生命与外在环境等之上。

要明白自我。自觉地确立人生信念，自觉地化解人生的困惑和困境，意识到自己生命的独特性与个性价值，体察到自己生命的高度与限度。

要明晓他人。对他人的生命尊重和敬畏，主动承担对他人生命的责任。有明确的责任意识与相应的责任能力，把这种意识与能力转化为与人相处的自觉性。

要明察环境。自觉捕捉所在的生存环境，不管是家庭，还是所在的学校、社区和城市等，善于理解并利用其中内含的有利于其生命成长的各种资源，发现环境之中对自身发展不利的因素，自觉地进行规避和消解。同时，主动自觉地介入环境、改变环境，勇于担负起自己的责任，而不是埋怨环境。

按照陈亮的观点，英雄人物能用自己的智力将天下人的智力调动起来，“形同趋而势同利，虽异类可使不约而从也”。在我们的教师身上多多少少应该具备这样的英雄人格。教师本身应该是站在现实的土地上，双手向天高举的人。

远大的教育理想，总是基于对自己与现实的深刻理解与把握，懂得自己的长短，进而培优补短，明察进步与发展的阻力来自何方，想方设法、积蓄力量去校正、补偿与平衡。

理想丰满，现实骨感，并不妨碍我们仰望星空。水处卑位，方积成渊；蝉居高枝，名声远扬。教师只有自身不断努力，让潜能高度发挥，用心培育学生成才，方可见证自己独一无二的价值。

人想要的总比所需要的要多许多，这是人性贪婪的一面。有了远大的理想，就会多一些精神追求，少一些物欲。

教师要做学生重要的“他者”

许多老师，特别是一些小学教师，喜欢将学生称作“孩子”。我总对这种说法有些小小的不适，以为这并不只是一个亲昵的称呼这样简单，其中还有怎样对待相互关系的问题。

关系中的角色一般都是成对出现的，比如父母对孩子，老师对学生。老师将学生称为孩子，这在某种程度上降低了教师职业的独特性与专业性。如果孩子的父母跟你说，“让我们探讨一下孩子的教育吧”，总感到有些滑稽，且还容易给那些“熊孩子”以某种特权。他明明在惹事作恶，有人却说：“可他只是个孩子呀！你还要他怎么样？”说这话的人可能不尴尬，听话的人反而会很尴尬。作为“学生”的身份可就大不一样了，他要学会学习，学会生活，学会自尊与尊重他人。

陈亮“学为成人”的主张，就是要使学者成为有社会担当、有家国责任的英雄。学校教育应该使学生成为一个合格的公民。按照弗罗姆的观点，一个具有健全人格的人应该懂得给予别人爱，懂得爱包含着关心、责任、尊重、认识等。当下中国的年轻一代，特别是“独一代”往往不在乎、不尊重别人的感受，把自己视为世界的中心。

美好的人格教育，就是要让一个人从自我中心主义中摆脱出来，对他人多一些理解和容让，学会谦卑、敬畏、自制与分享。

教师要成为每一个学生的“心灵捕手”，帮助他们打开心结，找到完整的自我，即在关系中的自我，学会关爱自己、关爱他人、关爱这个世界。

教师有自己的角色地位，进行了二十几年的课改赋予教师“向导”“首席”“对话者”等许多身份。无论是旧的还是新的思维，教师都不适合以妈妈或保姆的角色出现在学生面前。妈妈负有养育之责，可以无条件地给予孩子爱，孩子甚至也可以无止境地向妈妈索取。教师是站立着教书育人的，当然有时也坐着研究学问，蹲着与学生一起看世界，但绝不可以袒露胸脯给“孩子”喂奶。

在师生关系中，教师是学生成长中重要的“他者”。学校教育自有它的规则，学生要建立正常的师生关系和同伴关系。教师要引导学生意识到他所得到的任何东西（包括赞赏），都是不可能予取予求的。他同样可能因为自己的不良举动受到老师的批评、同伴的疏远。

教师当然要悦纳每一个学生，但绝不是对其所有的品行照单全收。教师这个重要的“他者”应借助于权威的身份，校正学生人格发展的偏差，让他们的“自我”与外界相融合、相适应。

真正爱的教育，就是要让学生认识到这个世界是不完美的，自己是不完美的，所爱的人也是不完美的。在现实中，爱就是需要勇敢地去面对不完美甚至残缺。这样才能让这一切不断向上与向善。

好教师的课堂语言都不会太强势

好教师好在哪儿？答案或许有人品修养好、学识渊博、教学有方，带出好学生、口碑好。能说会道是不是好教师的表征？君子讷言敏行，可好教师的语言确实又能春风化雨、滋润心田。

“文章合为时而著，歌诗合为事而作。”陈亮的文章立足于历史与现实的思考，有着十足的底气与才气支撑。他上书皇帝，敢于当头棒喝，“今者举一世而忘君父之大仇，此岂人道之所可安乎”；敢于表露赤胆忠心，“上下同心，君臣勠力者，事无不济；上下相蒙，君臣异志者，功无不隳”。这是一种满怀诚恳的期待与带着激愤的失落表露。与朱熹辩论，语言犀利透彻，直击事物的本原。“学者学为成人，而儒者亦一门户中之大者耳。秘书不教以成人之道，而教以醇儒自律，岂揣其分量则止于此乎？”“才有人心便有许多不净洁……又经孔子一洗，故得如此净洁。”但是当他站在课堂上，与学生一道探讨问题时，又是另一种语气：“愿从诸君而质之”“愿与诸君通古今而论之”。

许多好教师其实也是不太会说的，他们似乎更喜欢安静地倾听，即便发言也多是言简意赅，语调平和。与只会喋喋不休的人相比，懂得倾听、适时安静的老师或许更有机会成为好教师。在面向学生的教学过程中，很多时候是“无我”的，他们必须将中心的地位让给学生，把主角的机会留给学生。他们还知道在话与话之间，特别是在课堂上要留白，那是引导思考的时间，诱发想象的空间，是反思和自省的机会，是唤醒教育自觉的时刻。正确的废话，比不说更可能招致学生厌倦。

好教师一般都不是强势的引领者。他们总在不失时机地示弱，尽可能地让学生去体验成功的感觉，哪怕一次次地沦为学生学习的背景，也乐在其中。

魏书生是红遍大江南北的名师，他的讲座是极有气势、气场且感人至深的。但他往往只在公开课上展现课堂组织结构，尽可能地让学生去自学、感受、讨论、总结，引导他们画“知识树”。他的课堂除了从所揭示的课题、作者、写作背景可以看出是语文课外，并不分析字词句段篇，实在看不出他是在教语文。他在语文教学上，颇有些放任自流的味道。他的成功在于坚守新文化运动以来的优良传统，那就是“科学”与“民主”。他研究脑科学，研究学习理论，让学生学得主动、学得轻松，引导学生掌握学习规律与方法，让学生成为课堂的主人并主宰自己的学习。

使用相对“弱势”的课堂语言的教师更有可能成为好教师。就像用“你觉得呢？”“是不是？”“不知道大家是否同意？”以征询、商量的语言激发学生学习的勇气与活力，而不用“应该”“必须”之类。好教师的好，就在于肯让渡自我，能摒弃独断，远离独白，尊重学生，善于倾听，好在“松、静、匀、乐”（魏书生）。

课堂不是教师表演的场所，而是学生展现才华的舞台，教师的语言不可太强势。只有当教师成为背景，方可成全学生。

行动成就自我

提起“知行合一”，我们很容易想到王阳明。其实在《学记》里就已经把它作为一个教育原则加以强调了。陈亮在成名作《酌古论》中所提出的“文武之道一也”，也体现了这一主张。

陈亮在《上孝宗皇帝第一书》中提出：“人才以用而见其能否，安坐而能者不足恃也；兵食以用而见其盈虚，安坐而盈者不足恃也。”人才只有在使用中，才能看出能力强不强，空谈是靠不住的；兵力、粮食在实战中，才能发现足不足，空谈是没有用处的。陈亮认为实践能发现人才，造就人才。陈亮进一步批驳腐儒们安坐不行的谬论。他说：“风不动则不入，蛇不动则不行，龙不动则不能变化，今之君子欲以安坐感动者，是真腐儒之谈也。”陈亮告诫皇帝，要战胜敌人，推进恢复大业，必须依靠那些能说能做的英雄豪杰，而不能依靠那些“自以为得正心诚意之学者”。

陈亮主张积极行动，不可坐以待毙，空谈误国。他指斥那些能言不能行、知而不能行，只会低眉合眼、俯首拱手而空谈道德性命的人，是些“风痹不知痛痒之人”。

陈亮的行不是盲目的，而是建立在扎实的历史研究上的行，他熟识汉唐历史，研究本朝的制度、文化等方方面面，还几次到京口、建业等地进行实地考察。当时许多人嘲笑陈亮的书呆子气，认为他狂妄、不自量力。在陈亮心里却始终站着一个英雄。他认为主和派“罪在于书生之不识形势”。陈亮的抗战斗争战略、战术主张，是在他的哲学思想指导下所阐发的。他认为：“有一定之略，然后有一定之功。略者不可以仓卒制，而功者不可以侥幸成也。略以仓卒制，其略不可久；功以侥幸成，其功不可继。”

陈亮在教学中也强调知行统一。要求学生既要重视儒学学术研究，又要研究现实问题，做堂堂正正、智勇双全、有利于国家人民的人。

陈亮反对人生来就有圣贤之分，认为成才之路是靠自己走出来的，知识的积累与历练两者不可偏废。

他提出在教学上要注重“炼”与“用”。“炼”就是锻炼、历练，“用”就是知识的应用。在教学中，他不仅强调课本知识的学习，还要求学生多接触社会，关注现实，投入生活与斗争中去。“人只是这个人，气只是这个气，才只是这个才。譬之金银铜铁，只是金银铜铁，炼有多少则器有精粗，岂其于本质之外换出一般，以为绝世之美器哉……”

只有通过长期的磨炼与实践，学生才能提高解决社会实际问题的能力。

“汉虽兴学，而书之旨溃”

陈亮在《汉论·惠帝》中有一个骇人听闻的观点：“秦虽焚书，而书之义全；汉虽兴学，而书之旨溃。”

他的理由是秦始皇骄横心重，认为三皇五帝不值得效法，就把古今一切典籍都烧毁了，对私自藏匿书籍的人处以重刑，以此来蒙蔽百姓。但让秦始皇始料不及的是，愚民政策并没有让他子孙万代永享至尊待遇。因为书是死的，人是聪明的。在暴政的重压之下，人可以沉默，却不会屈服，一旦时机成熟就会选择抵抗。文字写成的“六经”可以被焚毁，人们心中的“六经”却不可能被焚毁。

汉惠帝废除惩处私自藏书的法律，到文景之时又设立博士这类官职，天下的读书人渐渐地爱好学习。朝廷没有设立学校，读书人就无所依托，就在自家设立私学，收徒教学。读书人也分散各地，教师各立门户，相互诋毁。把“六经”的意旨破坏殆尽，甚至利用《春秋》为黩武背书，讲授《论语》取媚作奸，害处举不胜举。

陈亮强调规范教育的社会意义，反对私授诗书培植党羽。他所捍卫的“书之义”就是孔子“伤王道之不明，删《诗》定《书》，系《周易》作《春秋》”所揭示的“万世帝王之轨范”。这是社会生活中君臣上下都应该遵守的“仁义孝悌、忠信诚朴”，是淳化社会的“和气春风”。如果没有这些存在于人心的“六经”教育，那么“六经”也就失去了存在的价值。所以陈亮认为秦始皇焚书，书中的道义却得到保全；汉代兴学，书中的旨意却完全散乱。

陈亮十分警醒地认识到教育在传承文化与统一思想上的重要意义，在教育内容上，要保持相对统一。保持经典传授与理解的准确性，反对胡乱发挥，乃至于误导学生。

最近几年，国家非常重视教材建设。因为教材是国家意志的体现，建设什么样的教材和教材体系，深刻影响着国家人才培养，是国家事权。世界上许多国家都建立有严格的教材统编和审查制度，特别是对历史、语文教材审查非常严格，强调体现和贯彻国家意志。

教材还体现社会主流价值，是学校教育实现立德树人目的的支撑。以往的教材，存在着一些不严谨、不规范的地方，在网上网下曾引起一些热议。这些问题都需要得到相应的调整解决，使教材从内容到形式都达到高度统一，更好地服务于中国式现代化建设。

陈亮从国家振兴、民族自强、传承传统文化的角度，关注统一教材建设及规范思想传播的问题，确实站得高、看得远。

“共学”的打开方式

陈亮曾为两位学生写过墓志铭，一位是孙贯，一位是钱廓。很凑巧的是陈亮也为这两位学生更改过名字，不知陈亮是否有变易学生名字的喜好。孙贯是永康本地人，他原来的姓名为孙懋实，陈亮“易其名曰贯，字冲季”。钱是浦江人，亮“易扩名曰廓，而字叔因”。

孙贯二十三岁就死了，这自然让比其年长的老师无限悲痛，且七天之后孙贯的儿子也离世而去，只留下一个孤独无依的母亲。为了表示哀悼，陈亮不仅为他写了铭，还亲率一众学生“临葬，深其坎，厚土以覆之”。

陈亮说自己三十来岁的时候，功名不就，家境贫困，就想办学收徒以贴补家用，可乡邻们平常都不相信他，也怀疑他的学说不正道。正在万般困难之时，钱扩来学他想学的东西，这无疑给陈亮以极大的鼓舞与支持。陈亮有感于心，于是就有“我亦将从此而学也，试与吾子共学之”的坚定回答。陈亮也从贫困交加的消沉中走了出来，与学子们一起走进“学其所当学者”。

"共学"是一种师生之间的平等对话，"共学"也是一种合作探究的务实作风。"共学"在《钱叔因墓碣铭》出现过三处。其中两处，一是说陈亮通过改名"以坚其共学之志，廓亦愿自奋也"。表明钱廓坚定与大家一起学习的志向，愿意向上进取。"扩"与"廓"的区别可能在于后者的空间更为阔大辽远，寄托着一种远大的志向。二是"使得共学以至于今，不但侪辈之不能及，固吾尊行之所共畏也"。此处强调的是"共学"的结果，一直"共同探求学问"至今，钱廓的学问已远超同学，大家也感到敬畏。

《孙贯墓志铭》，也有一句含有"共学"一词。"有宋中兴之四十六年，亮始取古今之书一二以读之，稍稍与其可者共学，而同邑孙氏之子懋实来。""与其可者共学"之意应该是与那些适合的人一起探究学习。从中可以看出，来跟陈亮学习的，都是认可陈亮思想的人。

《书经发题》就是这时候陈亮为学生阅读《书经》所写的提要，其中也有"盖将与诸君共学焉"的语句。这一年，陈亮三十岁，刚参加科举考试失败回家，过着"杜门致学，下帷授业"的生活。他一方面要养活自己，一方面又要钻研学问，培养学生德业。紧接着"与诸君共学焉"的下一句便是他的那句著名观点："夫盈宇宙者无非物，日用之间无非事。"正是"共学"，表明了这位唯物主义教育家致力于传播自己学说的坚定信心与不懈努力。

陈亮这种与学生"共学"的态度，一起探究的作风，至今仍值得提倡。

教育的责任如山，亦如水

学校教育至少承担着两重任务：一是“为党育人，为国育才”，培养德智体美劳全面发展的劳动者和接班人；二是理解广大家长望子成龙、望女成凤的迫切心理，尽可能地提供更多优质服务，以满足家长日益增长的教育需求。

党和人民心连着心，都是为了促进下一代的健康成长，使他们适应生存与发展需要，在未来竞争中立于不败之地。办好人民满意的教育是党的宗旨所在，也是教育的责任所在。

不是人人都在历史长河之中、在全球视野之下考虑教育问题，大多数家长的目光只是聚焦在自家孩子身上。“剧场效应”引发了多少家长的焦虑，整个社会的内卷。这种焦虑、内卷又传导给学校，变成了教师的工作压力。大家想从教育里收获的东西越多，压在教育者肩头的担子自然也就越重。

教育的责任如山。大家所期盼的教育要像山一样厚重、沉稳，根基不可摇动；山体表面要有丰茂的植被，能够涵养水土、调节气候、改善环境；山峰峻峭挺拔，立在天地之间，远方可见。

陈亮批评理学家所培养的“儒者”只知“研穷义理之精微，辨析古今之同异，原心于秒忽，较礼于分寸，以积累为功，以涵养为正”，却“不知事功之为何物”。陈亮认为“学者，所以学为人也，而岂必其儒哉”。朱熹的“醇儒”教育指向个人修为，陈亮的“成人”思想指向社会价值，更有历史的厚度、时代的高度。

我以为教育的责任更如水，是一种无底的、无敌的静水深流，静静地流淌在教师心上。它似水一样柔和，浸润着受教育者的身心；又像淌滩穿石的波澜，涤荡着受教育者的心灵；又有着巨大的张力与流速，承载着、护送着一片片远航的白帆。

细心、耐心与爱心驱使教师毫不懈怠地做着该做的事，教书生活，平静、平淡、平常如水，轻轻缓缓，细流涓涓。“如果”“万一”的潜流暗礁，优秀教师往往先预后果，想方设法尽量绕开。

一辈子默默无闻的教师，往往经营着最成功的教育。唯有投机者，喜欢弄点动静，把教育做得鸡飞狗跳；唯有取巧者，喜欢制造惊涛骇浪，炫耀弄潮技巧。优秀的教师不仅能看见浮在海面八分之一的冰山，而且能小心翼翼地避开水下深藏的部分。平稳而坚定地向前，从不祈求某一天如烟花绽放，如彩虹横贯，甚至他们永远害怕那种炫目的机会。

光荣永远属于沉默的大多数，而不是台上那些抹着油彩的博弈者。

“下学”与“上达”

“下学”与“上达”最早出现在《论语·宪问》中，“子曰：不怨天，不尤人，下学而上达”。“怨天尤人”大家都熟悉，“下学上达”听到比较少。

陈亮在《经书发题·论语》里认为“《论语》一书，无非下学之事也。学者求其上达之说而不得，则取其言之若微妙者玩而索之”，“用明于内，汲汲于下学，而求其心之所同然者。功深力到，则他日之上达，无非今日之下学也”。在这里，“下学”是指《论语》中所记载的具体内容与情境，“上达”就是其中蕴含的原理。

我们不妨将“下学”认为是学习了解人世间的具体事务，“上达”作为认识世界的本质属性与自然法则。在社会生活与实践中，我们从具体事务入手，汲汲于内，功深力到，自然就可以领悟到事物的发展规律。在教育教学上，我们应该目光放远，抓好基础，切莫急功近利。

要做好琐碎的、具体的事务。教育之难往往就在这些鸡毛蒜皮的事情上，这也是一线教师、班主任经常叹苦经的地方。他们每天都为这些繁杂细小的事烦恼。

比如跟家长沟通的问题，立场不一样导致家校之间的不和谐。家长的小抱怨也会变成社会大问题。因为每一个家长都认为自己的孩子是最好的孩子，希望他（她）有个美好的未来。这样的教育“信仰”所形成的“剧场效应”，让无数家长感到焦虑。家长对于美好教育的需求与优质教育资源短缺之间的矛盾，往往转化为家校矛盾，而教师首当其冲。

在行为上，教师要重视具体而微的事务，在思想上，却要从里面跳出来，站在更高层面去思考。还是上面那个问题，教师无法改变教育资源配置与录取方式，但可以选择最适合自己和学生的教学方式。同时，做好家长的教育，使他们懂得用正确的方式去爱孩子，以终身发展的视野看待教育的意义，不要追求短暂的功利性需求；使他们尽可能地悦纳和懂得孩子，减少过剩的控制欲，用家庭合力引导孩子找到自己最好的出路。

家长扎扎实实地“下学”，是给孩子营造一个和平有爱的家庭环境。让孩子有充足的睡眠、运动、亲近自然的时间。让孩子进入真正有效和有意义的学习。学会一门谋生的手艺，孩子凭双手去活着，去打造属于他们自己的幸福。这就是他们明日的“上达”。孩子是属于明天的，至于明天会怎么样，你我很可能只是一知半解或根本一无所知。相信孩子，抓住他们成长的关键期，发展他们的核心素质，才能让他们放飞自己的未来。

心有定向，治无定体

《汉论》是陈亮的后期作品，写作时间可能是在与朱熹辩论之后。这些作品可以看出陈亮也不是只讲事功，他仍不废内心之学，重视对于个体精神或者是“心”的研究，并认为“心”是事功得以实现的前提。

陈亮认为道德是政治的基础，要实行王道之治，必然要“民化于德，德化于心”，而这一切都应该回归本原，即回归人主的“心”上。陈亮在《汉论·文帝》中认为“一人之心，万化之原也，本原不正，其如正天下何”，在《汉论·孝景》中进一步提出“心者，治之原”，“夫心者，治之根也；治者，心之影也；其心然，其治必然”。陈亮所论的“心”，从严格意义上讲，并不是说仁心仁德这种道德要求。他实际上所关注的是君主一贯性的意志，也就是“心有一定之向”。

陈亮重视历史研究，特别喜好研究君主政治与英豪事迹。他认为考察一代君王的事功，要从心的源头开始。比如文帝认为“宽厚慈仁”，孝景帝“忌忍刻薄”，虽历史上共称“文景之治”，但因为两人的性格不一样，他们的治理也有很大的区别。在历史分析中，陈亮十分重视人的因素，认为君主的意志直接决定着王朝政策的走向，也决定着国家的命运。

“治或因于前人，则易为力；治或因于身致，则难为功。此治无一定之体也。心之宽仁者虽时有忿怒，终不足以胜其宽仁；心之忌刻者虽时有贯贷，终不足以胜其忌刻。此心有一定之向也。”君王一贯性的意志指向既可以是“宽仁”，也可以是“忌刻”。无论是善或者非善，只要是君主的意志，就可以成为政治的本原。

“心有定向，治无定体”是指目标指向的一贯性，实施路径选择的丰富性。在学校教育中，我们在强调校长办学意志的同时，也不应该忽视道德引领的力量。

“心有定向”就是强调学校要有明确的办学目标，并且一以贯之地坚定走下去。“治无定体”是指学校管理、教育教学并无固定的形式、方法。学校应该形成独具一格的办学特色，教师也应该在借鉴别人的经验的基础上，生发自己的教育智慧，形成自己的教学特色。

我们的教育更需要教者仁心。有仁心，才会有仁术。仁心是教育工作的出发点与归宿。仁心决定着教育的策略、行为。好的教育就是师生之间灵魂碰撞而产生的智慧之美、创造之花。

教者有一颗仁心，方能爱护学生，热爱事业，端正工作态度。心之善者，必以善心度人；心之恶者，必以恶心伤人。一个有仁心的教师，决不会纵容发生那些“伤人伦、悖正理”的事情。

分享同样的荣辱与悲欢

陈亮认为道德与人的感情受到物质欲望的制约。他说："夫喜怒哀乐爱恶，欲之所以受形于天地而被色而生者也，六者得其正则为道，失其正则为欲。""六情"，即喜怒哀乐爱恶，为天地所赋，假外物而存，用得好则是"道"，用不正当便为私欲，所谓的道德就是正六情，节欲恶。从物质世界入手探讨人的情欲、善恶，陈亮成功地避开了理学家们的泥淖。

人的喜怒哀乐爱恶，感外物而发，所受外部环境相同，人的"六情"往往也便相通。只要我们怀常人之心，便生常人之情，即可"正六情"。陈亮劝告皇帝要向臣子准确无误地传递自己的"六情"信息，让大家都知道恢复中原的远大志向，上下同心，勠力向敌。

物以类聚，人以群分。成年人的生活大多固定在几个圈子里，剪不断的感情，理不清的工作，填不满的欲望，等等，各种因素与关系形成了各色各样的圈子。因为思想、情趣、爱好不同，人与人之间互不待见不足为奇，这在社会交往中也是普遍存在的。

人这种动物总愿意去亲近性情相近的同伴，融入那些互有认同感的群体。除非极有个性的人，可以离群索居、傲然不群；普通人则总在担心被群体疏离或抛弃，从而主动取悦群体。

有圈子，就会有圈子文化。圈子有高下之分，文化也是分层的。假如你加入了骗子团伙，这个圈子充盈的自然就是假话、鬼话，形成一种话术、一种套路，大家操练烂熟，再去蒙骗别人，攫取利益。

孔子说“己所不欲，勿施于人”，并认为这是可以终身奉守的一句话。我们做事，一定要站在别人的角度考虑，不要只考虑自己，忽视了别人的感受。特别是不要想当然地以为“我这样做，全是为了你好”。假如你是真的为了别人好，那么别人一定是会有所感知的。即使不是今天，也会是将来的某一天。

快乐是可以传染的。我们当老师的一定都有过这种体验，那是课堂上与学生一起探索的快乐。不管在上课之前遇见什么，有怎样的情绪波动，上课铃声响起的一瞬间，教师们很快就能调整好自己，带着微笑走进教室，走入课堂的情境。

这种心态的调整，既是教师的基本素养，也跟教室特殊的环境氛围密不可分。一群青春活力四射的人，因为求知聚集在教室。面对一双双求知若渴的眼睛，无论是谁，心中都会升腾起红彤彤的太阳。反过来，教师的情绪也影响着学生，彼此之间分享同样的荣辱与悲欢。那种感受，跟一群聚集在乌烟瘴气的麻将馆里，急红了眼的赌徒的心情是完全不一样的。赌徒之间，从金钱的角度就是零和游戏，即我的得到便是你的失去，这里的荣辱悲欢是不可以分享的。当然，也有人将人世间看成是一个巨大的赌场，终身博弈，乐此不疲。

成人世界以趋利避害为原则，同一群体因共同的利益追求，分享着同样的荣辱与悲欢。基于物质追求的群体，所产生的归属感一定是受制于物质欲望的。有一种突破与超越来自人在精神上的成长，从个人小我到小群体，到大群体，再到整个国家乃至全人类，当它们的边界不断模糊，人的胸怀也就越来越大，我们就再也不会囿于那些圈住心灵自由的小小樊篱。如果从这个角度出发，在一个小小的单位里，有什么过不去的事情呢？

当自己在某个群体里，为压抑的氛围所笼罩，有些人、有些事令你不快，或许并不是一件坏事。这时候，需要做冷静的思考，群体内部的其他人所分享的荣辱与悲欢是什么？如果是低俗的物欲，那么你应该庆幸自己没有被“裹挟”其中。

但是你一定要站在更高的层次去理解自己以及当前所处的环境，这样才可以让你的心灵得到解脱，进而提升自己的精神境界。人处在是非外，方能“正六情”。

人与人之间的隔膜和疏远，常不在于分工，不在于身份，不在于性格，而在于那颗心。包容心大，舞台也就更大。

阅读，塑造一个人的模样

有一种软件可以看到未来的自己。比如输入18岁时的照片，就能看到自己80岁的模样。自然是变老、变丑了。年轻无敌，谁不希望永远活在生命中最美好的时刻？我以为青春永驻的唯一办法就是让自己活在书里，就像《红楼梦》中的那群小姑娘，她们的风采永远与春花秋月一道凝固在大观园的世界里。

这到底是一种幸福，还是悲哀？人生的痛苦与无奈，大抵源于选择的不自由。人生多歧路，走过一个岔道，必定错过另一个岔道。当我们以为未来是一条金光大道之时，汹涌而来的却往往是刀山火海。然而，有选择还是胜于不能选择。

阅读也是一种，我们可以从书本里得到许多有益的人生经验。习惯埋头看书，抬头看天。相信远方，相信未来。这就是阅读所塑造的模样。没有读过多少书的人，他的目光里往往流露着短浅、迷茫、精于计较的神情。

陈亮为自己、辛弃疾与朱熹三画像所写的赞里，三人的气质与涵养全刻在脸庞，描在形体上。他们都是饱读经书的人，辛弃疾属于豪放词派，著有忧思时政的《美芹十论》。朱熹更是著作等身，几番努力，终成大儒，配享孔庙。命运多舛的陈亮，其实学实功、英雄之气，每在风云际会之时，总被人想起。

许多年前，十五六岁的我参加了那次改变命运的中考。语文试卷的第一题照例是“看拼音写汉字”与“看汉字写拼音”。其中第一串拼音，我拼出来的汉字是“书是全世界的营养品”。走出考场之后，许多同学说第一个字是“水”。我跟他们说从事物的分类上讲，水不是营养品，除非充在玻璃瓶里当“双宝素”卖。那时我们的老师大多用方言授课，包括语文课堂。汉语拼音，那些卷起裤管下田插秧、放下裤管进教室上课的民办教师，自己也没有弄懂。学生的拼音自然学得极差。要说我能蒙对的话，那是因为我在介绍张海迪事迹的一篇文章里看到过那句话，莎士比亚说的。

一个人的精神发育史，就是一部阅读史。阅读对于心智发育有着不可或缺的意义。书籍是人类智慧的载体。阅读的过程，就是在一本本的书里钻探一口口矿井，从中开掘、提取、精炼出来一些闪耀着光芒的宝贝。阅读是人生的进阶，在无止境的自我修炼中获得深度与温度，成为一个有思想与情怀的人。

在智能手机上刷抖音小视频，是无法替代纸质书阅读的。触摸屏上的电子信息，往往是随意的、碎片化的，随存即忘。

一本纸质书的阅读是自主选择、自我消化的过程。一次有意义的阅读就是人生中一场美妙的旅程。

也许跟自己的职业有关，我经常会看到一些指导教师阅读的文章，比如批评教师阅读量小、阅读面窄的问题。我倒觉得教师阅读在群体分类中肯定是居前的。为什么单会拎出来讲，这往往跟写作者的身份有关。那些作者多半是教师或者教师出身，举起教师的例子来熟悉而已。再不然就是对教师阅读有着更高的要求，毕竟学高为师，身正为范啊。

不管是什么人去阅读，都有个自主选择、定向、理解、研究的过程。读书首先要广博，各领域的优秀书籍都值得翻一翻。其次要精粹，结合自己的专业发展方向选择一个突破口，深入阅读这个领域中的专业书籍。有了阅读定向之后，还要有阅读的定力，要坐得下，耐得住，悟得了。

阅读，从选择一本好书开始，不断地反复经历这样四个阶段，人生的境界就会有从量到质的飞跃。

教师不仅要自己会读，还要教会学生阅读，帮助学生去经历自主选择、定向、理解、研究的过程。学生投入真正的阅读中，在阅读中立德、塑魂、强智。从人生意义上说，一本“闲”书胜过刷题无数。

阅读要有一种氛围，需要自己去营造。一个书房，几架书橱，构筑一个小小的静心书斋。独学而无友，则孤陋而寡闻。陈亮不是一个孤独学者，他有吕祖谦那样的师友，有朱熹那样的辩友。同一本书，可以读出万般滋味。许多书，可以读出四季的五彩缤纷。年复一年，你的世界永远不缺美丽的风景。坚持不停歇地阅读，愈显无形的价值。

不动笔墨不读书。读书不仅是与智者对话，也是一种自我对话。每一本所读过的书，都是岁月的馈赠；每一个留下的笔迹，都是时光的礼物。从某种意义上而言，不是我们在读书，而是书在“读”我们。读大师之书，便是大师们牵引着我们不断往前走。

写作是读书人的一种活法

美好的文字从眼里摄入，沉在心田，慢慢就会发酵。书读得多的人，身上自会散发出一种奇异的香味。不是花香，不是熏香，而是一种醇厚的、憨实的书卷气，从眉宇间流露出来，人们一望便可感知。骗子以为好骗，庸者以为好笑，智者见之，以为可敬可爱。写作是读书人的一种活法。作为教育家的陈亮便是在读书、编书、写书中走完让人痛扼而又尊敬的一生。

教师读书目的大抵有两个：一是提升思想境界，愉悦自己；二是提高教育教学水平，服务学生。静心研读教育书籍，不一定要啃读艰涩难懂的理论专著。教师可以随时随地阅读那些随笔，既没有语言压力，也无须理解文章的逻辑关系。读到哪儿，想到哪儿，当然还应该写到哪儿。记下读书心得，积累写作素材，思想酝酿成熟，就可以开始真正属于自己的创作。

写作是人生长河中最难忘的旅程。能够坚持每天阅读、写作的，都是纯粹、憨实的人，其人生也大抵是自信、开阔的。所享受的愉悦，完全不同于物质享乐那种短暂易逝的感觉。读书人一般相信天底下有一种叫作“道”的东西是永恒的。

读写积累到一定程度，人就会发生微妙的变化，犹如一条爬虫咬啮了许多绿叶之后，它就会用自己的“思”作茧自缚，而后忽然在一夜之间，成为天空翩翩起舞的美丽彩蝶。

一个人的生命很短，充其量不过三四万天。有时我也感叹一生实在太短、太苦。所有的人从一出生便是未亡者。都有一死的人，却活出了许多的模样来，苏东坡、陈亮、鲁迅都有自己的活法。有人喜欢苏东坡通天彻地、俯仰古今，顺不猖狂逆不沉沦，苦中作乐的人生态度；有人喜欢陈亮的“推倒一世之智勇，开拓万古之心胸”的壮志豪情；也有人喜欢鲁迅直面人生、坚持韧的战斗精神的无畏勇气。不管怎样，知道自己该怎样活，有自己的活法，这一生也就不白来。

但人不光要有自己的活法，还要去理解别人的活法。只有少数的人才能做到这一点。那些杰出的书籍会告诉我们什么叫作人间悲悯。所谓“诗意的栖居”，就是人实现与外物的和谐共处，感受并抒写其中的诗意。不管陆地、海洋、太空里充斥着什么，我们都能从荒漠、泡沫与乌云中感受生命的力量。

因为憨粹的读写，生命变得单纯而明亮。不管世界变得如何狭小、平庸，都不要让自己的精神花朵在春天枯萎。

为士者必以文章行义自名

“士”作为一个阶层产生于周代，专指那些受过礼、乐、射、御、书、数等良好教育，又在经济上能够自足自立的职业者。他们当中既有从事社会思想文化架构的思想家，也有从事各种专业服务的实干家。于是“士”就可以分谋士、勇士、巧士、使士等，按照现代分类法略相当于知识分子或各种专业技术人员。

“士”是国家政治的重要参与者，又是中国传统文化的积极创造者、传承者。他们在思想文化的传播与专业技术的传承上具有相对独立性，在政治上又有依附性，即他们的才能总是为特定的社会与政治集团服务的。

在陈亮的论著中，“士”往往指那些饱读诗书的人。读书人该以什么安身立命？其实在《左传》中就已有相当概括的表述，即读书人该做的是“立德、立言、立功”三件不朽事，在这之后讲读书人的价值，都绕不过它。在《送吴允成运干序》中，陈亮认为读书人一定是靠着文章与品行安身扬名的。

吴竿，字允成，曾做永康县尉，与陈亮相识之后，意气相投，往来密切。吴竽善书，陈亮与人作墓志铭，有时就请吴竽题写在石头上，便于匠人镌刻。如陈亮在《姚唐佐墓志铭》《何少嘉墓志铭》《凌夫人何氏墓志铭》中均有提及。后来吴竽升职离开永康。三年之后，陈亮补写了这篇《送吴允成运干序》以赠之。“运干”是当时官名，漕运使佐官，这应该是个好差事，陈亮以“允成方俯首于将漕糟丘之职”说了吴的新职。

在这篇文章中，陈亮鲜明地表达了“为士者必以文章行义自名，居官者必以政事书判自显”的观点。他认为文章与品行道义是读书人立世扬名的根本，处理政事、公文书判的实际能力是官员显达的基础。这是陈亮从事功立场出发，对士人与官员所提的要求。

《送吴允成运干序》是一篇讨伐理学流弊的檄文。陈亮在文中指出道德性命学说盛行之后的危害：“寻常烂熟无所能解之人自托于其间，以端悫静深为体，以徐行缓语为用，务为不可穷测以盖其所无，一艺一能皆以为不足自通于圣人之道也。于是天下之士始丧其所有，而不知适从矣。为士者耻言文章行义，而曰‘尽心知性’；居官者耻言政事书判，而曰‘学道爱人’。相蒙相欺以尽废天下之实，则亦终于百事不理而已。”

倡导理学的人中，或许真有脱俗拔萃者，比如朱熹本人。他讲究“物理即道理，天下初无二理”，认为学者学道就要在万事万物上格物之理。他要求自己的学生凡格物都要应于节，即应接事物处置当否。然在众多的朱子门人中，绝大多数都是学道不精者。他们只是普通人，学了几天道学，就装模作样摆弄出一副深不可测的样子，以虚空宇宙为本体，以缓言慢步为标配，压根不关注现实生活，只照搬导师的意见行事，根本不去理会现实问题。这样一来自然不可避免地受到陈亮的讥讽。

高深的道学理论流行，造成天下许多读书人丢失了原有的朴素认知，进而变得无所适从。读书人以做文章、行大义为耻，张口闭口就是“尽心知性”；做官的以做政事、行书判为耻，口口声声“学道爱人”。社会上，人与人之间盛行坑蒙欺骗的风气。天下的实学、实政、实理都荒废了，实事、正事已经没人做了，大家都闭着眼睛闲吐莲花。等到整个群体没落到无法收拾的地步，被敌人合力一攻，不仅整体受到伤害，还要殃及无辜百姓。虽说是咎由自取，最终失败的惨状却难以预计。在这里，陈亮对理学流弊提出了尖锐批评，在南宋道德性命之说大行其道之时，不失为一种清醒的认识和严重的警告。

陈亮批判道学家们为士耻言文章行义（或以其玩物丧志害道），居官耻言政事和公文书判（或以其鄙屑），最根本的原因在于他们轻视鄙薄“艺”和“能”。陈亮从关注现实政治出发，要求士人要注重研究现实问题，增长本领才干，更好地服务于抗金斗争大局。

陈亮认为“文章行义，政事书判，并举兼能而不可掩”，“一艺一能”也可以通圣人之道。

后 记

或许正是宋代的风度、情趣、意味契合了当下的文化潮流，宋韵起来了。人们缅怀那个产生了苏轼、勾栏、刻本、青瓷的时代，讨论着文学、书法、绘画、建筑、器物，乃至社会风俗之中独具意蕴的宋代美学。

在永康，宋代也留下了几座至今无法逾越的高峰。

一座是铜山。其上的铜孔坪至今依然保留着宋代矿洞遗址。据《永康县志》记载，五代吴越国武肃王时设点开采。在北宋元祐年间，炼出金属铜十二万八千斤。后又于南宋绍兴年间恢复生产，出铜二千三百五十五斤。这种“永康铜”，或许正是永康手艺人“打镴修锁补铜壶”的起家资本。

一座是方岩山。北宋胡则上书为免除婺、衢两地人头税请命，受万民景仰，化作一方神偶，享祀千年。胡公崇拜是浙东地区重要的民间信仰。

一座是龙窟山。从中走出的南宋状元陈亮，在天下竞趋程朱理学之时，卓然独立，以积极有为的态度，抵御士林学子空谈心性之风，其思想至今大放异彩。“功到成处，便是有德”，这种务实之风影响着一代代永康人的行为处事。

状元陈亮，是南宋留给永康的高度。

江南之人，对南宋王朝有着地缘之近、感情之亲。提起南宋，人们自是爱恨交加，除了秦淮万种风情、钱塘自古繁华，也有烽火扬州路、崖山海战之惨败。南宋是富庶的，南宋又是贫穷的，商周以来代表华夏正统的中原大本营为外族所占。陈亮年少时，离“靖康之耻”只有二三十年，偏安江南一隅的南宋小王朝依旧歌舞升平，醉生梦死。

陈亮小时候，祖父为之启蒙，所受的并不是正规的科举教育。没有系统的儒家经典熏陶，读的大多是英雄故事及历代策论，这使陈亮形成了粗犷豪放的性格。在尚文轻武的时代，他崇拜那些经略四方的英雄，喜谈兵法谋略。每在酒酣之际，爱跟人谈论陈元龙、周公瑾等人的英雄事略。

他的聪明与努力，化作了一本叫作《酌古论》的小册子。这是陈亮读史策的札记。在这本书里，他以史实为依据，通过战例分析考察帝王、谋臣、武将的成败得失。借古鉴今，表明以天下之志、天下之谋进行决策的思想，初露锋芒。

这一年，他十九岁。

就是这本小册子，陈亮的才华被婺州郡守周葵所知晓。他认为陈亮是个奇人，是未来的国士。于是，陈亮成了周葵的府上宾。当时风行心性之学，以读经为附庸风雅之事、晋进官阶之物。周葵授以《中庸》《大学》，希望他能学好“性命之学”。这时的陈亮才开始接触理学启蒙，如果顺着恩师安排的方向，他能成为很好的儒生，从而通经进学入仕。但少年时代形成的执拗，使他始终认为“文武之道一也”，“文非铅椠也，必有处事之才；武非剑楯也，必有料敌之智”。自己之前所学才是真正为时代所需的实学。

在学问上，忤逆上流，必定为他们所不容。血气方刚的陈亮一次次地碰壁，无论是多次给皇帝上书，还是在科考路上。曾经踌躇满志、昂首挺胸走出龙窟山，跨过婺江，渡过钱塘江的陈亮，没有机会实现自己的雄才大略，心灰意冷地回到家乡。因为家境贫寒，他选择了一边教书为业，一边继续做自己的学问。

陈亮到底是个心怀天下的书生，渴望能像诸葛孔明一样建功立业，自己改名为“亮”，但他并没有赶上三国那样英雄竞逐的时代，更没有求才若渴的明主光顾他的草庐。

他不仅不被容于上流，甚至在乡亲们那里，也成了狂妄荒诞之徒。因为没有功名，自然也被邻居们瞧不起，甚至为人所诬而两次入狱。在走亲访友的路上，还遇强人拦道，几欲亡。一些人，一些事，深深地刺痛了他。

除了治学，我最关心的还是他的教育生涯。乾道八年（1172），陈亮开始招徒讲学，并接受束脩。在那个被吕祖谦称为“保社”的家塾里，埋头读书、著述。他的办学之路自然有些艰难，虽然出名早，但是科举所需的儒学底子并不扎实，所谓“乡间识其素而不之信，众亦疑其学之非是也”。陈亮却对自己办学充满信心，“要须帅之以正，开之以渐，先敦厚笃实，而后辨慧敏锐，则岁晏刈获，必有倍收”。

陈亮在教学上是尽心尽责的，不仅写了一些讲义，如《六经发题》《语孟发题》等，还为学生写了许多的下水作文，讨论治国理政的各种策略，让学生学会关注社会生活的方方面面，教给他们分析问题、解决问题的方法，当然也给了学子们科举考试的敲门砖。

他读书、教书始终坚持以现实政事为关切点，推崇适合有用的实学。当别人都在低头读经、闭眼静修之时，陈亮偏偏将经当作史来读，以史鉴今，从中寻找救国治国之策。

在乡村，陈亮那段亦士亦农亦商的光阴是美好的，他不仅改善了生活，还踌躇满志地构筑着教育梦想。如果说他像孔子一样与学生探索着宇宙人生是一种恬淡欢喜，那么与朱熹的辩论又是一种怎样的酣畅激愤。事功学的教育主张得以淋漓尽致地表述，教育史上从此有了陈亮的地位。他的教育理念与方法无疑是先进的、独特的、有用的。讲实学实功的他，在应试上也获得成功，年过五十终于实现了少年时代的状元梦想。历史上的状元很多，但真正有思想的人少之又少。龙窟山中的陈亮又是孤独的。

陈亮死后形象反而鲜活起来。在永康，至今还流传着状元公的许多故事。随着时间的流逝，陈亮思想的价值反而越发体现出来。

永康的宋韵，藏在方岩山独特的丹霞地貌里，藏在手艺人悠扬吆喝的回忆中。宋韵永康，因有状元陈亮，精神内核又丰富了一层。

杨铁金

2023年5月